왜,
아이들은
　　　학교를
벗어나고
싶어할까?

**왜, 아이들은
학교를 벗어나고 싶어할까?**

초판 인쇄 2019년 3월 15일
초판 발행 2019년 3월 22일

지은이 지봉환
펴낸이 천정한
펴낸곳 도서출판 정한책방

디자인 김현진
책임편집 나사랑

출판등록 2014년 11월 6일 제2015-000105호
주소 서울 마포구 모래내로7길 38 서원빌딩 301-5호
전화 070-7724-4005 **팩스** 02-6971-8784
블로그 http://blog.naver.com/junghanbooks **이메일** junghanbooks@naver.com
ISBN 979-11-87685-33-3 (03370)

왜, 아이들은

학교를
벗어나고
싶어할까?

웃음에 가려진 아이들의 아픔을
살피지 못하는 어른들의 반성문

지봉환 지음

웃음에 가려진 아이들의
아픔을 살피지 못하는 어른들에게

학교에 가면 행복할 줄 알았습니다.

친구들도 사귈 수 있고, 모르는 것도 알게 되고, 하고 싶은 것 마음껏 할 수도 있고, 약했던 힘도 세지고, 가슴에 품었던 꿈에 성큼 다가서게 되고, 몸도 마음도 쑥쑥 자라고…, 한껏 기대에 부풀어 교문을 들어섰습니다.

그러나,

그런 기대와는 사뭇 다른 생활이 펼쳐집니다. 맞닥뜨린 현실은 냉정하기 그지없습니다. 시간이 흐를수록 아이들의 웃음은 힘을 잃습니다. 부풀었던 기대는 어느새 흔적도 없이 사라지고 깊은 한숨이 그 자리를 대신합니다. 흐르는 시간은 아이들의 몸과 마음을 사정없이 갉아냅니다. 학교에 대한 아름다운 상상은 여지없이 무너집니다.

아이들 가슴에 상처가 나고 아픔을 호소하는 것은 우연이 아닙니다. 기대를 접어야 하는 냉정한 현실이 아이들을 병들게 합니다. 아이들의 아픔에 관심을 갖는 것은 이런 상황이 아이들의 삶을 쇠약하게 하고 지치게 만들어 황폐화시키기 때문입니다.

아이들이 아픕니다.

고통스럽고 때론 슬프기도 합니다. 자신의 처지를 생각할 때면 눈물이 앞을 가립니다. 내가 왜 여기에 있는지, 여기에서 무얼 하고 있는지 되물을 때가 한두 번이 아닙니다. 아픈 마음을 하소연할 곳도, 기댈 사람도 없습니다. 교문에 들어서기가 두렵고 책상에 앉아 있는 일이 고통입니다. 갇힌 기분입니다. 왜 내가 스스로 고통의 소굴로 들어가야 하는지 자신이 원망스럽습니다. 숨이 막히고 가슴이 터질 것만 같습니다.

아이들의 삶은 아픔과 고통이 켜켜이 쌓이고 아물 겨를도 없이, 매일 매일 새롭게 생겨나는 온갖 상처들이 토해내는 피의 삶입니다. 피로 말하는 아이들의 아픈 삶을 책상에만 앉아 이해할 수는 없습니다. 더욱이 아이들의 아픔은 웃음으로 철저히 위장되어 있어 그들의 고통을 알기란 쉬운 일이 아닙니다. 어른들은 아프고, 외롭고, 그래서 불안한 나날을 보내는 아이들의 괴로움에 대해 관심이 없습니다.

어른들은 아이들이 아픔을 호소할 때마다 대수롭지 않게 흘립니다. 어른들의 태도는 모질고 냉합니다. 함께 아픔을 느끼기는커녕 큰 잘못이라도 저지른 양 대하기 일쑤입니다. 대학은 가야 하지 않겠냐고, 누구나 겪는 고통이라고, 너만 왜 이러냐고, 네가 지금 이럴 때냐고, 이런 생각, 저런 고민을 할 만큼 한가한 때냐고, 뭘 어떻게 먹고 살려고 이 모양이냐고, 모든 것 접어놓고 공부나 하라고, 내일을 위한 고통이라고, 행복은 고통을 통해 얻을 수 있다고, 공부를 하고 싶어도 하지 못하는 애들이 한둘인 줄 아냐고, 행복한 줄 알라고….

'얼마나 힘드니? 많이 아프겠구나! 그래, 그렇구나!' 이러한 위로의 말 한마디 없습니다. 아픈 마음을 홀로 견디고, 고통스러운 시간을 홀로 지새우는 마음이 얼마나 춥고 외로울지 그 누구도 신경 쓰지 않습니다.

어른이 느끼는 현실은 대학의 현실이고, 입시의 현실이고, 평가의 현실입니다. 아이의 아픔은 평가를 그르치고, 입시를 망가뜨리는 부당한 현실입니다. 어른이 규정한 대학만을 위한 삶이 사람의 도리에서 얼마나 멀어질 수 있는지 수시로 느끼고 또 느낍니다. 어른들의 귀는 닫혀 있습니다. 입만 열려 있습니다. 아이들의 소리를 들으려 하지 않습니다. 자신들의 말만 일방적으로 늘어놓습니다. 어른들에게 아이들의 소리는, 지금 아이들의 생각과 고민과 고통은, 배부른 소리이고 쓸데없는 투정이고 한가한 불평일 뿐입니다. 그때는 누구나 겪는 통과의례라고 대수롭지 않게 한쪽으로 밀쳐둡니다. 너만 겪는 일이 아니라는 말투입니다.

때론, 계단에서 미끄러지기라도 했으면 좋겠습니다. 친구에게 밀어달라고 부탁이라도 하고 싶습니다. 몸이라도 아프고 싶습니다. 건강함이, 아프지 않은 것이 원망스럽기도 합니다. 어떻게 해서든지 학교에 오지 않아도 좋을 구실을 찾고 싶습니다. 일주일, 한 달, 아니 영원히 학교에서 벗어나고 싶습니다. 어떻게 하면 학교에 오지 않아도 될까요?

아이들의 아픔을 외면하고, 아이들의 눈물을 외면하고 방치하는 것은 죄입니다. 아이들은 아파야 할 아무런 이유가 없습니다. 그런데 많은 아이들이 아픔을 호소합니다. 괴롭고 힘들어 합니다.

어른들은 한때 '국민교육의 수임자로서 존경받는 스승이요, 신뢰받는 선도자임을 자각한다'면서 아이들에 대한 사랑을 약속했던 사람들입니다. 아이들을 가르친 대가로 이런저런 이름의 상장까지 받았던 사람들입니다. 그런데 이들이 아이들의 아픔을 외면하고, 사랑과 상장을 자신들의 욕심과 바꾸는 폭력을 자행하고 있습니다.

아이들의 아픔은 아이들의 잘못이 아닙니다. 아이들을 아프게 하는 것은 어른의 욕심입니다. 아이의 삶으로 어른은 자신들의 욕심을 채웁니다. 부모의 욕심이 아이를 힘들게 합니다. 교사의 욕심이 아이들의 시간을 고통으로 물들입니다. 사회의 욕심이 아이들을 힘겹게 만듭니다. 어른들이 오직 자신의 욕심에 눈이 멀어 자신의 욕심만을 바라보고 욕심을 채우기 위한 욕심을 부릴 때 아이들의 아픔은 더해만 갑니다.

어른의 욕심이 아이를 아프게 합니다. 아이들 앞에 이런저런 욕심꾸러미들을 잔뜩 쌓아놓고 '빨리'를 외치는 어른의 닦달이 아이를 아프게 합니다. 욕심을 거둘 때, 어른의 손아귀에서 놓을 때, 아이는 건강해집니다. 아이를 모르는 채 이루어지는 교육은 어른을 위한 교육일 뿐입니다. 아이들이 처한 상황에 대한 고려 없이, 아이들의 생각에 대한 배려 없이, 아이들의 처지에 대한 걱정 없이 행하는 교육은 허황된 일입니다.

교육은 인간의 존엄성이라는 절대적 가치를 존중할 때 행위로서의 의미를 지닙니다. 아이들의 아픔을 외면하는 것은 인간의 존엄성을 무시하는 일입니다. 따라서 아이들의 아픔을 살피지 않고 펼치는 교육 정책이나 제도는 제아무리 훌륭한 것이라도 무의미합니다. 교육은 인간의 존엄성을 존중하기 위한 가장 적극적이고 실제적인 행위이기 때문입니다.

욕심은 존엄성을 해칩니다. 아이들을 내버려 두어야 합니다. 무엇을 하든 지지하고 응원해야 합니다. 그들이 지닌 '멋'과 '끼'를 마음껏 펼칠 수 있도록 간섭하지 말아야 합니다. 아이들의 삶에서 어른의 욕심을 거두어야 합니다.

어른의 간섭이 아이를 병들게 합니다.

어른의 간섭이 아이를 아프게 합니다.

아이들의 아픔에 한없이 무거운 책임을 느껴야 합니다.

인간은 행복을 추구합니다. 인간 존중은 행복의 조건입니다. 인간 존중이 교육을 이루는 핵심 기반입니다. 교육은 아이들의 인권을 보호하고 존중하기 위한 제도적 장치입니다. 교육 내용과 방법이, 그리고 교육 행위가 아이들의 인권을 존중하는 방식으로 이루어져야 합니다.

아이들이 아픔을 호소합니다. 우리의 교육을 돌아봐야 하는 이유가 여기에 있습니다. 아이들을 위한 교육이 과연 아이들의 인권을 존중하는 방식으로 이루어지고 있는지 말입니다. 아이들의 아픔은 상처 입은 존엄성이 내는 소리이기 때문입니다.

언제부턴가 아이들은 학교를 외면합니다. 교육을 굴레로 여기고 교문은 한 번쯤 호흡을 가다듬는 고통의 문이 되었습니다. 학교가 어른의 욕심으로 운영되고, 교육이 어른의 욕심으로 행해지는 것은 아닌지 생각해야 합니다. 어른의 이기심이 아이들을 아프게 합니다.

이 책은 아픔을 호소하는 아이들의 이야기입니다. 그리고 아이의 몸과 마음을 잠식해 주인으로 군림하려는 어른의 횡포에 대한 이야기이기도 합니다. 가만히 있기에는 너무나 미안한 아이들의 아픈 이야기, 누군가의 따뜻한 손길을 그리워하는 아이들이 홀로 앓는 가슴앓이입니다. 아이들의 아픔에 공감하고 아이들의 아픔이 조금이라도 줄어들 수 있는 교육 환경을 만드는 데 보탬이 되고 싶습니다.

- 2019년 3월

지봉환

목차

프롤로그
웃음에 가려진 아이들의 아픔을 살피지 못하는 어른들에게   4

1장

친구 없는
외로움에서 벗어나기

경쟁은 야만의 다른 이름이다   19
경쟁, 인간성 상실을 재촉하다   24
외로운 섬 아이   32
친구를 기다리는 아이   36

2장

부모의
욕심에서 벗어나기

사람으로 살아갈 수 있는 것은 사랑 때문이다   43
아이들은 그렇게 어른의 아이가 되어간다   50
온기 잃은 엄마의 품   56
아빠의 웃음이 그리운 아이   62

3장 교사의 간섭에서 벗어나기

아이와 교사 사이를 가로막는 장벽   71

별명엔 또 다른 아이가 들어 있다   75

선생님과의 거리   79

생각을 숨기는 아이   84

과제는 성장의 재료인가   87

말하기보다 듣기가 중요하다   92

학생다움은 굴레다   95

교사의 눈길이 닿지 않는 자리는 어둡다   101

아이들의 즐거움은 교사의 괴로움이다   105

누구인지도 모르는 아이 앞에서 교육을 논하다   108

아이의 아픔은 아이의 아픔일 뿐이다   112

4장 성적의 압박에서 벗어나기

성적이 신분을 결정한다   121

자신을 잃는 아이들   127

아이들의 꿈은 이렇게 조용히 시들어간다   132

성적이 꿈을 선별한다   136

뭘 먹고 살지 묻지 마라   141

성적에 포박당한 아이들   145

5장 학교의 구속에서 벗어나기

학교는 왜 자유를 거부할까   153

학교와의 거리   158

자신을 숨기는 아이   161

멀고 먼 교무실   165

시간표는 아이들의 성장을 꾀하는가   169

들리지 않는 아이들 목소리   174

교실이 두려운 이유   179

아이들을 바라보는 폭력적 시선   182

만들어지는 아이들   187

교실은 유배지인가   191

여백 없는 생활   197

아이들은 왜 학교를 벗어나고 싶어 할까   203

적응은 아이가 아니라 학교의 몫이다   208

6장 제도/정책의 위협에서 벗어나기

정말로 중요한 것인가   217

학생은 왜 침묵하는가   222

피로 세대   226

과제가 아이들을 지치게 한다   229

다름을 인정하면 특별해진다   234

의무적 공부는 공부 강박을 부른다   237

돈, 아이들의 꿈을 품다   241

아픈 건 죄다   246

교과가 멸종되는 방식   250

아이들이 서울로 향하는 까닭은   255

수업은 아이들의 시간이다   260

가난은 꿈마저 방해한다   264

아이들의 꿈은 어른의 욕심이다   269

돈에 머리 숙인 아이들의 꿈   274

얼굴 없는 아이들   278

아이의 말은 아이의 삶이다   283

스마트폰에 삶을 묻은 아이들   287

대학이 먼저 답하라   293

에필로그

교육은 인간의 존엄성을 존중하기 위한 제도적 장치   298

1장

친구 없는
외로움에서 벗어나기

경쟁이 일상이 된 교육 현실에서
더불어 사는 데 필요한 힘이 길러질 수 있을까?
공공선의 깨침, 상대에 대한 공감과 친애,
타인과 자신을 동시에 바라보는 넓은 시야는
길러질 수 있을까?

경쟁은 야만의
다른 이름이다

어린 시절,

아이들은 한편입니다. 너와 내가 다르지 않습니다. '너 없는 나'
는 상상할 수 없습니다. 재미도 의욕도 없습니다. 친구를 만나야 비
로소 힘이 납니다. 웃음이 돌아오고, 뛰고 싶은 욕망이 솟습니다.
눈빛이 돌고 목소리에 힘이 들어가는 것도 친구 덕입니다.

그러던 아이들이 자신도 모르는 새 극심한 생존 경쟁에 던져집
니다. 그리고 승자만이 살아남는 잔인한 생존 게임을 시작합니다.
이유도 알 수 없는 게임, 패하면 죽음이라는 서슬이 퍼런 협박이
질주의 연료가 됩니다.

아이들은 서로를 딛고 일어서야 할 존재로 인식하게 되면서부
터 다른 편이 되어갑니다. 친구는 더 이상 어울림의 대상이 아닙니

다. 극복해야 할, 딛고 일어서야 할 대상일 뿐입니다. 이긴 자만이 생존할 수 있다는 절박감이 친구를 바라보는 시선을 냉혹하게 만듭니다.

작가이자 화학자인 프리모 레비(Primo Michele Levi)는 본인이 집필한 책 『이것이 인간인가(Se questo e un uomo)』에서 아우슈비츠 수용자들은 인간 파괴를 겪는다고 말합니다. 옆 사람이 가진 배급빵 4분의 1을 뺏기 위해 그 사람이 죽기를 기다리는 사람이 된다는 겁니다. 다른 사람을 그런 눈으로 보거나, 다른 사람 눈에 그런 사람으로 비치는 사람은 이미 사람이 아닙니다.

경쟁은 관계를 훼손합니다. 경쟁은 서로의 사이를 넓히고 벽을 쌓습니다. 벽은 너와 나를 가르고, 승자와 패자를 가르고 나누는 담장이 됩니다. 담장은 시간이 흐를수록 높이를 더해가고 견고해집니다. 담장은 아이들의 삶의 공간을 나누고 삶의 내용을 나눕니다. 한편이었던 아이들을 등지게 만드는 경계가 됩니다. 경쟁은 무한으로 치닫습니다. 어디가 끝인지 가늠조차 힘듭니다. 끝도 없이 이어지는 경쟁은 삶 전체를 핏빛으로 물들입니다.

무한 경쟁은 패자에겐 돌이킬 수 없는 모멸감을 안기고 헤어나기 힘든 좌절감에 빠뜨립니다. 그렇다면 승자는 빛나고 영예로운 길을 걷기만 하면 될까요? 또 다른 경쟁을 위한 고통이 부상으로 주어질 뿐입니다. 또 다른 경쟁이 기다립니다. 끝없는 경쟁에 내몰리는 삶입니다. 경쟁의 끝은 또 다른 경쟁입니다. 삶은 경쟁의 연속입니다. 경쟁은 모두에게 고통과 아픔을 주는 일입니다.

성적은 경쟁의 결과입니다. 성적에 따라 아이는 나뉘고, 그들의 생활공간도 분리됩니다. 나뉜 교실마다 붙여진 교실 이름이 아이를 분류하는 꼬리표가 됩니다. 칸막이 교실이 아이들에게 얼마나 굴욕을 강요하는지 어른들은 모릅니다. 아니 관심조차 없습니다. 혹 안다 해도 애써 눈을 감습니다. 같은 칸 아이들은 자연스레 자기들만의 세계를 만듭니다. 승자와 패자가 서로를 배척하려 하지 않아도 자연스럽게 다른 공간, 다른 세계 속 다른 존재가 되어갑니다.

이들은 서로 공유하는 추억도 없습니다. 이들은 서로의 관계가 빈곤합니다. 분명 같은 이름의 학교, 같은 이름의 학년, 그리고 학생이라는 같은 신분이지만 관계를 맺을 기회가 없습니다. 아니 그럴 필요도, 그럴 의지도, 그럴 마음도 없습니다. 분명 동급생이고 동창이지만 이들이 친구가 될 확률은 그다지 높지 않습니다.

학교가 존재하는 많은 이유 중 하나는 함께 사는 법을 일러주는 일입니다. 어울릴 수 없는 삶은 개인적으로는 고통이고 사회적으로는 재앙입니다. 삶은 서로 긴밀히 연결된 관계망 속에서 이루어지는 법입니다. 관계없는 삶은 가능하지 않습니다. 이것이 어울림이 중요한 이유입니다. 경쟁은 어울림을 방해합니다. 아니 배척합니다.

학교는 타인에 대한 배려와 관심 그리고 도움이, 인간이 존재하는 의미임을 일러주어야 합니다. 이 세상에는 자신뿐 아니라 타인도 존재함을 일깨워야 합니다. 타인 없는 삶은 가능하지 않음을 인식시켜야 합니다. 자신만을 바라보고, 자신만을 생각하고, 자신만을 위하는 삶에서 벗어나 누군가를 위하는 마음을 갖도록 해야 합니다. '내' 안에 '네' 자리를 허용하고 마련하도록 해야 합니다. 그래서 삶의 가치는 자신만이 아니라, 타인의 삶도 위하는 데 있음을 깨닫게 해야 합니다.

자신만을 바라보고 자신만의 이익을 추구하는 삶은 가난한 삶입니다. 인간의 삶은 다른 사람들의 삶과 어울릴 때 완성된다는 사실을 가르쳐야 합니다. 승자만을 바라보고 승자만을 챙기고 승자만을 위한 길을 만들고 승자만을 위해 환호할 때 사회는 병듭니다. 이것이 경쟁을 부추기는 교육이 위험한 이유입니다. 경쟁은 어울림을 방해하기 때문입니다. 타인의 아픔에 눈을 감고 타인의 호소에 귀를 닫게 하기 때문입니다.

교육이 쉼 없이 친구와의 경쟁을 부추기고 강요한다면 '나'이기를 포기하라는 것과 같습니다. 경쟁은 자신을 버리고 '그 아이'처럼 되라는 것과 같기 때문입니다. 아이들이 친구와 경쟁하려고 하기보다 친구가 할 수 없는 것을 하도록 요구해야 합니다. 각자 잘하고 좋아하는 것을 하도록 해야 합니다.

행복은 경쟁의 결과가 아닙니다. 어울림의 선물입니다. 경쟁의 끝은 무(無)입니다. 모든 것이 사라집니다. 정도, 사랑도, 관심도, 친구도, 이웃도, 웃음도, 넉넉함도, 인간다움도, 인간미도, 그리고 결국 자기 자신마저 잃습니다.

아이들 곁에 친구가 있음을 알려주어야 합니다. 경쟁자가 아닌, 영원히 정을 나누고, 사랑을 나누고, 함께 어울리며 살아가야 할 친구가 있음을 일러주어야 합니다. 그래서 모두 한 편이 되도록 도와야 합니다. 누가 아이들을 경쟁의 장으로 몰아넣고, 살아남는 것이 성공이라고 채찍질을 하는지 질문해야 합니다.

경쟁,
인간성 상실을 재촉하다

'이겨야 해!'

매일, 순간순간 떠오르는 이 생각에 스스로 깜짝깜짝 놀란다는 서연이. 언제부터인지는 알 수 없으나 이겨야만 살 수 있다는 생각이 마음을 온통 차지하게 되었다면서 이 무서운 상황으로부터 벗어나고 싶답니다.

이겨야 살 수 있다는 생각은 아무도 미처 몰랐던 새로운 것이 아닙니다. 감히 그 누구도 생각지 못한 기상천외의 묘한 것을 서연이가 처음으로 깨달은 것은 더더욱 아닙니다. 어른들이 뿌려놓은, 이겨야 살 수 있다는 생각의 씨앗이 이제 서연이의 가슴에서 자라고 있는 겁니다. 씨앗이 뿌려질 때는 느낄 수 없었으나 씨앗이 싹을 틔우고 조금씩 자라게 되면서 '내가 왜 이런 생각을 하지?'라며 자신의 의지와는 다른, 그래서 스스로도 의아한 자신의 생각에 신경이 쓰이게 되는 겁니다.

서연이는 낯선 이런 생각이 불쑥불쑥 튀어나올 때마다 두려움과 무서움을 느낍니다. 자신이 이겨야 한다고 생각하는 친구들을 볼 때마다 내가 왜 저 친구를 이겨야 하는 것인지, 그리고 어떤 것을 이겨야 한다는 것인지, 무엇을 어떻게 하는 것이 이기는 것인지, 이긴다는 것이 무엇인지 알 수 없는 의문만 끝없이 꼬리를 물고 이어집니다.

"이겨야 해!"
"그래야 너의 꿈을 이룰 수 있어! 행복은 승자의 몫이야!"

어른들은 아이들을 볼 때마다 주문을 걸듯 외치고 또 외칩니다. 어른의 주문은 그대로 아이의 삶이 됩니다. 어른의 주문대로 아이들은 이기기 위해 전력투구합니다. 아이들의 생활은 이기기 위한 생활입니다. 아이들이 매일, 매 시간 쉼 없이 쌓는 지식들은 경쟁에서 승리하기 위한 도구를 정비하고 준비하는 일입니다. 경쟁은 승자와 패자를 가르고 승자에게만 삶을 허용한다는 생물 진화론의 세계관이 아이들의 의식을 장악해 갑니다. 아이는 자신의 오늘과 내일, 그리고 삶 전체를 이기기 위한 시간들로 채워갑니다. 삶은 경쟁이며 강자만이 살아남는다는 생각이 아이들의 마음을 지배하고 있기 때문입니다.

도대체 무엇을 위해서 이겨야 하는 걸까요? 친구를 이겨서, 주변 사람들을 이겨서 얻는 것이 무엇인가요? 아이들의 무한 경쟁의 종착점은 어디일까요? 중요한 것은 아이들에게 주어진 인생이 얼마나 값진 선물인지 알아야 한다는 겁니다. 오늘을 희생하고 내일을 희생해서 얻으려는 것이 무엇인지 물어야 합니다. 소중한 것들은 우리 곁을 빠르게 떠납니다.

누구든 지금 이 순간을 살아간다는 사실을 알아야 합니다. 이 귀한 순간들을 누군가를 이기기 위해 희생해야 한다는 것은 슬픈 일입니다. 주변 사람들을 이겨서 그들 위에 서는 일이 어떤 의미가 있는지요? 이기라는 강요는, 이겨야 한다는 명령은, 아이들 가슴을 황폐화시키고 삶을 훼손하는 일입니다. 따뜻한 가슴을 차갑게 만드는 일입니다.

경쟁은 영혼을 파괴합니다. 적대와 증오를 키웁니다. 치유되지 않는 상처를 만듭니다. 아이들의 가슴은 온기를 잃습니다. 아이들의 가슴이 식지 않도록 돌봐야 합니다. 이기라는 명령은 따뜻함을 걷어내고 차갑고 날카롭게 만드는 일입니다. 더 이상 이김의 대상이 아니고, 경쟁의 대상이 아니고, 어깨동무하고 함께 웃고, 떠들고, 그들의 오늘을 즐기면서 따뜻한 삶을 살아갈 수 있도록 도와야 합니다.

사랑,

사랑은 이제 의미를 잃은 옛말이 되어 갑니다. 그러나 누군가 곁에 다가설 때 사랑은 또다시 움트고 빛을 발합니다. 사랑의 의미는 곁에 있는 그 누군가에 있습니다. 아이들이 사랑을 하고 사랑을 받을 수 있도록 해야 합니다. 그러기 위해서는 주변에 사람들이 북적여야 합니다. 사랑은 사람이 있을 때 비로소 의미가 있기 때문입니다. 이기기를 강요하는 것은 아이들 곁에서 사람들을 제거하는 일입니다. 경쟁은 혼자가 되기 위한 노력이니까요. 그것은 사랑을 제거하는 일이기도 합니다. 경쟁만 부추기는 일은 아이들의 삶에서 사랑을 제거하는 일입니다. 사랑하지 말라는 명령인 거지요.

인간이 아름답고 삶이 가치가 있는 것은 사랑이 있기 때문입니다. 사람을 마음껏 사랑할 수 있도록 해야 합니다. 삶의 의미는 사랑에 있습니다. 공부를 하고, 능력을 기르고, 이런저런 기능들을 향상시키는 일은 사랑을 위한 노력입니다. 직업을 갖고자 하는 것은 보다 구체적이고 체계적으로 다른 사람들을 사랑하기 위한 노력입니다.

모든 사람들은 다른 누군가를 위하는 존재가 되어야 합니다. 자신만을 위한 존재에 머문다면 성숙하지 못한 어린 아이의 삶입니다. 성숙은 자신만을 위한 삶에서 다른 누군가를 위한 삶으로 삶의 범위를 넓히는 일입니다. 위하는 대상이 넓을수록 성숙한 삶입니다.

경쟁을 부추기고 이기기만을 원하는 것은 자신만을 위하는 삶을 살아가라는 이기적 삶을 부추기는 일입니다. 즉 삶의 성숙을 막는 일입니다. 성숙은 자신만의 울타리에서 벗어나는 일입니다. 그것은 경쟁에 있지 않습니다. 다른 존재를 위해 자신을 희생하는 데 있습니다. 이기적인 삶은 자신의 이익을 위해 타인을 희생시킵니다. 타인의 희생을 통해 자신의 이익을 추구합니다. 이타적인 삶은 타인을 위해 자신을 희생합니다.

희생은 사랑입니다. 타인을 위해 희생할 수 있을 때 삶의 가치는 높아집니다. 의미 또한 커집니다. 이기기만을 강요하는 것은 타인의 희생을 요구하는 일입니다. 이기적인 삶을 강요하는 일입니다. 이기기를 바라는 어른의 욕심은 아이들을 이기적인 도구로 만듭니다. 날카롭고 거친 도구로 만드는 일입니다. 서로가 서로를 경계하게 합니다.

교육은 꿈을 키우고 성취하는 데 도움이 되는 교육으로, 자신을 성장시키는 데 필요한 힘이 되는 교육으로, 세상을 보는 안목을 넓히는 데 도움이 되는 교육으로, 나만이 아니라 너라는 존재에게 관심을 기울일 줄 아는 마음을 갖는 데 도움이 되는 교육으로, 나만을 위한 삶이 아니라 누군가를 위한 존재로서의 삶을 살아갈 수 있는 마음을 기르는 교육으로, 누군가를 위한 존재, 무엇인가를 위할 줄 아는 존재가 되는 데 필요한 교육이 되어야 합니다.

아이들에게 필요한 교육은 '나'뿐 아니라, '그들의' 삶에 가치를 더할 수 있는 힘을 길러주는 일입니다. 아이들에게 길러주어야 할 힘은 적자생존이나 우승열패, 그리고 약육강식이라는 동물적 경쟁의 논리와 경쟁에서 이길 수 있는 경쟁력이 아닙니다. 사랑과 배려, 연민, 도덕과 윤리, 염치, 기개, 정의, 양심, 책임, 동정심, 공감, 조화, 관계 등, 힘으로 표현되지 않는 것들의 가치로 무장시키는 일입니다.

타인의 존재를 인식하고, 타인의 고통에 공감하고, 타인의 기쁨과 슬픔에 동참하는 것이 인간으로서 지녀야 할 최소한의 윤리적 태도입니다. 경쟁은 타인을 향한 눈을 멀게 합니다. 타인의 고통을 외면하게 합니다. 타인의 감정에 눈 감고, 공감 능력을 잃고, 오직 자신의 삶만을 바라보게 합니다. 경쟁은 인간으로서 갖추어야 할 최소한의 윤리마저 빼앗고, 인간 이하의 나락으로 떨어뜨립니다. 타인에 눈 감고 자신만을 바라보며 살아가는 사람들은 쉽사리 남을 버리고 배신하고 자신만의 길을 찾아 나섭니다.

'그런 애들과 어울리지 마라.' '그렇고 그런 애들'이 아닌 '특별한 애'라는 자기애에 대한 선민의식이 아이들을 서로 떼어놓고 있습니다. 함께 어울려야 할 삶을 '너만의 특별한 삶', '차별화된 삶'을 욕망하는 부모의 비뚤어진 욕구가 아이들 사이를 갈라놓습니다.

아이들의 성장 과정에서 부모들의 교육 욕구를 창출하는 메커니즘은 차별화입니다. 차별화를 욕망하는 부모의 눈에 비친 아이들은 결코 같은 아이들이 아닙니다. 아이들은 서로 위계 관계를 갖습니다. 아이는 차별되는 과정에서 의미를 갖습니다. 차별화로 자극되는 교육 욕구는 다른 아이들과 구별되는 차이에 대한 욕구, 사회적 지위나 위세, 품위를 나타내거나 다른 아이들과 구별되는 개성을 추구하는 욕망입니다. 많은 부모들은 자신의 아이를 다른 아이들과 구별함으로써 자신의 아이를 드러내는 방식으로 교육에 임합니다.

'놀 시간이 어디 있니?', '공부해라.' 어려서부터 친구와의 만남을 공부를 방해하는 일로 여긴 부모의 생각이 친구를 불편한 존재로 만든 것은 아닐지, 친구와의 만남을 죄악시한 어른의 시선이 친구로부터 멀어지게 만든 것은 아닌지, '좋은 친구를 사귀어야 한다', '사람을 조심해야 한다'라는 어린 시절 부모의 가르침이 사람에 대한 두려움을 갖게 한 것은 아닌지 모를 일입니다.

친구들 곁으로 다가서려는 아이들의 발걸음을 막는 어른들의 이기적인 마음이 아이들의 삶을 힘겹게 합니다. 어울림을 방해하는 어른들의 이기적인 손길이 아이들을 아프게 합니다. 경쟁이 약속한 꿈의 성취가 누구의 꿈이고, 경쟁이 약속한 행복이 누구의 행복인지를 꼼꼼히 따져봐야 합니다. 밟히지 않으려면 누군가를 밟아야 하고, 떨어지지 않으려면 누군가를 떨어뜨려야 하고, 울지 않으려면 누군가를 울려야 한다는 불안감에 두려워 떠는 생활 속에서 행복이 있을 리 없습니다.

이기기만을 강요하고 폭력성이 구체화되고 공고화된 교육을 돌아보아야 합니다. 아이들을 인간이 아닌 전장의 도구로 만드는 일은 아닌지 고민해야 합니다. 무한경쟁, 각자도생, 경쟁력 향상이라는 덫에 걸려 있는 아이들의 절박한 목소리를 들어야 합니다.

어른들의 이기적인 손길을 거두어야 합니다. 어른들의 이익만을 움켜쥔 손길을 거둘 때 비로소 아이들은 막혔던 숨을 토하고, 이기적인 손에 가려 보이지 않던 친구들을 보게 되고, 서로에 대한 경계를 풀고 한편임을 깨닫게 됩니다.

외로운 섬
아이

서연이는 오늘도 혼자 앉아 있습니다.
서연이의 옆자리는 늘 비어 있습니다.

다들 짝과 함께 앉아 있는데 서연이의 옆에는 아무도 없습니다.
짝만 없는 게 아닙니다. 표정도 없고, 눈빛도 둘 곳을 잃은 듯 힘이
없습니다. 서연이의 마음엔 우정이나 사랑이라 부를 만한 것 또한
남아 있지 않습니다.
교실에서 서연이는 섬입니다. 저 멀리 보일 듯 말 듯 외롭게 떠
있는 섬을 닮았습니다. 아무도 찾지 않는 무인도 말입니다. 서연이
에게 들리는 건 오직 그들만의 소리입니다. 서연이를 향한 눈빛도,
서연이를 위한 소리도 없습니다. 서연이를 향한 손길도, 서연이를

위한 발걸음도 끊겼습니다.

"안녕하세요?"

청소 시간, 교무실로 들어서는 서연이가 인사를 건넵니다. 들릴 듯 말 듯 속삭이듯 건네는 서연이의 소리가 반갑습니다.

"응, 그래 서연이구나! 어서 와라. 요즘, 공부하기 힘들지?"

자신을 향한 첫 소리여서일까요? 짐짓 놀란 듯 대답 대신 보일 듯 말 듯 웃음으로 대신합니다. 서연이의 얼굴은 늘 무겁습니다. 웃음기 없는 얼굴에 시름이 그득합니다. 얼굴 구석구석 근심이 묻어납니다. 서연이가 오고 잠시 후 아이들이 우르르 왁자지껄 들어섭니다. 교무실은 서연이의 청소 구역입니다. 그래서 청소 시간이면 으레 서연이를 만납니다. 그런데 여럿이 몰려다니는 애들과는 달리 서연이는 언제나 혼자 오갑니다.

무관심은 보이지 않는 상자 속에 가두는 행위입니다.
상자 속 서연이는 투명인간이 되어 관심 밖으로 밀려납니다.
자꾸 서연이에게 눈길이 갑니다.
행여, 울고 있지는 않은지….

외로운 섬 아이를 만드는 것은 어른입니다. 무지하고 무례한 어른의 시선이 아이를 섬으로 만듭니다. 보이지 않는 아이는 어른이 보지 않기 때문입니다. 웃음이 없는 아이는 어른이 웃음을 주지 않기 때문입니다. 어른이 관심을 주지 않기에, 서연이는 다른 아이들이 관심을 주지 않아도 좋은 아이가 됩니다.

아이의 눈길은 어른의 눈길을 좇습니다.
아이의 손길은 어른의 손길을 따릅니다.
아이의 발걸음은 어른의 발걸음을 따라 내딛습니다.

어른의 눈길이 머무는 곳에 아이의 눈길도 머뭅니다.
어른이 손길을 뻗는 곳에 아이의 손길 또한 뻗습니다.
어른의 발걸음이 향하는 곳에 아이의 발걸음 또한 향합니다.
서연이를 등진 어른의 눈길과 손길, 그리고 발걸음이
서연이를 향하는 아이들의 눈길과 손길, 그리고 발길을 멎게 합니다.
모두들,
보고 싶은 아이만 보고, 보아야 할 아이 쪽으로 고개를 돌리지 않을 때 그 아이는 점점 쪼그라듭니다. 서연이를 섬으로부터 탈출시키는 것은 어른의 따뜻한 손길입니다. 가둔 자들의 마음이 온기를 회복하는 겁니다. 차별 없이 똑같은 눈으로 바라보는 어른의 공평한 시선입니다. 어른의 시선, 그것은 서연이를 바라보는 모든 이의 시선이 됩니다.

친구를
기다리는 아이

"어쩌다 마주치면 외면하고 돌아서요. 그럴 때마다 마음이 아파요. 정말 많이…."

    말도 채 끝맺지 못한 채 고개를 떨군 서연이는 손가락만 만지작거립니다. 마음이 많이 아픈 모양입니다. 그 친구가 누구인지 묻지 않았습니다. 갈등을 빚은 이유도…. 아픈 마음을 더 아프게 할 것 같아서 묻어두었습니다. 서연이가 아파하는 모습에 가슴이 저밉니다. 성장통일 수 있습니다. 청소년기, 친구 문제로 갈등 한 번 안 겪는 사람 어디 있냐고 대수롭지 않게 넘길 수도 있습니다.

    그러나 유일하게 마음속까지 털어놓을 수 있었던 친구였기에, 틈만 나면 어디서든 웃고 떠들 수 있는 친구였기에, 아픔을 위로해

주고 인정해주던 친구였기에, 더 속상하고, 마음도 아프고, 답답하기도 하고, 무엇을 어떻게 해야 할지도 모르겠고, 깊은 땅 속으로 꺼지는 느낌이라는 서연이의 마음에는 외면할 수 없는 아픔이 배어 있습니다.

"아무리 다가서려 해도 안 돼요. 손 편지도 써보고, 문자도 보내보고, 메일도 써보고…. 무슨 문제인지 얘기라도 해주면 좋겠는데 저의 모든 노력을 보란 듯이 무시해요. 화라도 내고 싶은데 그런 마음이 들 때마다 제 마음만 더 아파요. 차라리 미운 마음이라도 들었으면 좋을 텐데, 그러면 돌아서기가 좀 수월할 듯한데 그런 마음조차도 들지 않아요."

정색을 하고 돌아서는 친구의 모습이 이처럼 가슴을 짓누르고 아프게 할 줄 몰랐습니다. 친구의 뒷모습을 이렇게 두려운 눈으로 바라보게 될 줄은 정말 몰랐습니다. 자꾸 다가서려니 오히려 집착이라고, 왜 이러냐고, 난 네가 싫다고 외면할 또 다른 구실을 줄까 두려워 이제는 다가서는 것조차 어렵고 두렵답니다.

그러다 때론, 그 친구는 아무렇지도 않은 일을, 대수롭지 않게 여기는 일을, 나 혼자 애타서 이러는 것은 아닌가, 그 친구는 이미 오래 전에 나를 버렸는데 혼자서 바동대는 것은 아닌가 하는 생각도 들곤 한답니다. 그럴 때면 '나도 잊자. 이제 더 이상 마음 아파하지 말자'라고 몇 번이고 다짐하곤 한다네요.

그러나 생각이 그처럼 쉽게 정리되나요? 자신도 모르게 그 친구 생각을 하고 있는 자신을 발견하곤 깜짝 놀라 스스로를 원망한 적이 한두 번이 아니랍니다. 밥을 먹다가도, 책을 펼치다가도, 심지어 다른 친구들과 함께 어울리다가도 문득문득 그 친구가 떠오릅니다.

"이러다 무슨 일이라도 일어날까 두려워요."

친구 관계, 아이들의 또 다른 아픔입니다. 마음의 자정 능력이 점점 힘을 잃어갑니다. 웬만한 아픔쯤은 훌훌 털어낼 수 있었는데, 웬만한 고통쯤은 이겨낼 수 있었는데, 웬만한 슬픔쯤은 견딜 수 있었는데, 이젠 힘에 부칩니다. 또 시간에게 부탁하는 수밖에 없을까요?

시간이 모든 것을 다 해결해줄까요? 마음을 시간에 맡겨두면 될까요? 다정했던 친구와의 추억에 쉬이 잠들지 못한 밤도 오래입니다. 왜 이토록 멀리까지 왔는지, 감당하기엔 벅찬 거리는 아닌지, 웃음 띤 친구의 모습을 다시는 볼 수 없을 것 같은 그런 두려움에 뒤척이기는 또 얼마인지요.

"제 아픔을 외면하지 않고 함께 아파해주었던 친구였거든요."

고통스럽고, 짜증나고, 힘에 겨운 학교생활이었지만 견딜 수 있었던 것은 그 친구가 있었기 때문입니다. 그러나 이젠 서연이의 소리를 외면하고 아픔에 눈을 감은 지 오래입니다. 그 친구가 사라진 학교는 어둡고 무섭게 서연이를 짓누릅니다.

서연이는 오늘도 웃고 있는 추억 속 친구의 얼굴을 지우고 있습니다.

2장

부모의
욕심에서 벗어나기

부모의 욕망은 아이에겐 걱정거리입니다.
걱정은 아이의 꿈을 시들게 하고 거짓욕망을 자라게 합니다.
어른의 욕망은 붉은머리오목눈이 둥지에 낳아놓은
뻐꾸기 알이 되어 아이들의 꿈을 걸어냅니다.
그리고 아이의 꿈이 자라야 할 아이들 꿈의 둥지에서
어른의 욕심만 자라게 합니다.

사람으로 살아갈 수 있는 것은
사랑 때문이다

서연이가 많이 아픈 모양입니다. 어느 날, 청소 시간이 막 끝나갈 무렵 서연이가 찾아왔습니다. 오늘 7교시가 자습 시간인데 시간 좀 내줄 수 있냐고 합니다. 긴히 드릴 말씀이 있다면서. 서연이의 낯빛이 평소와 다르게 많이 어둡습니다. 늘 생글거리던 서연이인데 오늘은 뭔가 힘든 일이 있나봅니다. 만날 때마다 씩씩하게 인사를 건네던 서연이의 어깨가 축 처졌습니다. 걸음걸이도 무언가에 끌려가듯 힘겹습니다. 무언가 할 말이 많은 듯하던 서연이가 손만 만지작거릴 뿐 조용합니다. 한참 후 서연이가 입을 엽니다.

"저, 자신이 없어졌어요."
"다, 그만 두고 싶어요."

작지만 어조가 단호합니다. 갑작스런 심경의 변화로 보이지 않습니다. 오랜 고민의 흔적이 역력합니다. 서연이는 학교도, 공부도, 그리고 삶마저도 미련이 없답니다. 더 이상 견딜 자신이 없답니다. 부모님의 생활이 주는 부담감이 감당할 수준을 넘었답니다. 도저히 버틸 수 없답니다.

오랫동안 힘들었을 텐데, 감추고 내색하지 않으려 부단히 애썼을 서연이. 아프고 쓰린 마음을 혼자 삭히느라 얼마나 힘든 시간을 보내고 있을지 마음이 무겁습니다. 어른의 잘못으로 아무런 잘못도 없는 아이들이 고통을 감당해야 한다는 사실에 화가 납니다.

마음이 아프니 몸인들 성할까. 서연이는 혼자입니다. 주변 사람들은 단순히 사무적인 관계일 뿐입니다. 가족은 있으나 가족이라 부르기 힘듭니다. 엄마, 아빠 그리고 형제들은 그 기능을 잃은 지 오래입니다. 각자의 자리에서 오래 전에 떠났습니다. 아빠는 아빠가 있어야 할 자리를 비운 지 오래 전 일입니다. 어머니 역시 어머니로서의 힘을 잃었습니다. 오빠 역시 가족의 울타리에서 이탈한 지 오래입니다.

부모님의 모습은 그대로 가족의 관계로 확대되었습니다. 서연이의 가정에서는 정이나 사랑, 그리고 관심보다 미움과 증오, 그리고 무관심이 더 어울리는 말이 되었습니다. 서로가 서로를 미워합니다. 그리고 눈길조차 주지 않습니다. 서로에게 상처를 주는 일은 흔한 일상이 되었습니다. 결국 서연이는 가족을 잃었습니다.

그뿐만이 아닙니다. 꿈도 사라졌습니다. 의욕도, 의지도, 미련도 없습니다. 그냥 현실로부터 벗어나고 싶을 뿐입니다. 가족이 있는 현실과 맞닥뜨리는 것은 상상만으로도 싫습니다. 지옥 같은 현실에 저항 한 번 할 수 없는 자신이 더욱 원망스럽습니다.

서연이는 오늘도 집 밖을 배회합니다. 불이 꺼진 창문을 올려다봅니다. 환한 불빛이 새어나오는 이웃집들과 달리 서연이네 집은 늘 어둡습니다. 늦은 시간이건만 아무도 돌아오지 않은 겁니다. 행여 누군가 있다 해도 서로의 얼굴을 볼 일이 없으니 불을 밝힐 이유가 없습니다.

서연이는 가로등 아래 놀이터 벤치에 앉습니다. 아빠와 뛰어 놀던 그 자리입니다. 아직도 아빠의 손길이 느껴집니다. 아빠와 파고 놀던 모래밭도 그대로입니다. 한숨과 함께 눈물이 흐릅니다. 서연이는 요즘 부쩍 눈물이 많아졌습니다. 가족 생각만 하면 자신도 모르게 눈물이 납니다. 흘리지 말자고, 이제 모든 미련을 접자고, 가족에게 얽매이지 말자고, 혼자만의 힘으로 꿋꿋이 걷자고 다짐하건만 늘 허사로 끝납니다.

서연이는 가족이 그립습니다. 가족의 웃음이 그립습니다. 아빠, 엄마의 따뜻한 품이 그립습니다. 자신을 놀리던 친구들을 야단치던 오빠의 든든함이 그립습니다. 그런데 자신 앞에 놓여 있는 현실이 출구 없는 현실임을 절절히 체감합니다. 현실이 지옥이라는 것을 너무나도 생생히 느낍니다. 그럴 때마다 잔혹한 현실은 무서운 힘으로 가슴을 짓누릅니다.

새가 둥지를 떠나는 것도, 강아지가 어미젖을 놓는 것도, 하다못해 꽃들이 씨앗을 퍼뜨리는 것도 때가 있는 법입니다. 어미가 새끼를 돌보고, 새끼가 어미의 품을 찾는 것은 자연의 이치입니다. 모든 생명체가 짊어져야 할 숙명이기도 합니다. 가족의 품은 그때까지 머물러야 할 반드시 필요한 사랑의 공간입니다.

서연이의 시기는 아직 가족의 품에 머물러야 할 때입니다. 떠날 수 없는 것은 아니지만, 10대인 지금 자신의 삶을 전적으로 자신만의 힘으로 이끌기에는 힘에 부칩니다. 가족의 도움이 필요합니다. 온기를 잃은 가족이 그래서 가슴을 서늘하게 합니다. 가족의 어둠은 삶을 뒤덮는 암울한 장막이 됩니다.

식어가는 가족의 사랑이 서연이를 아프게 합니다. 미움만을 토해내는 거칠어지는 마음이 두렵습니다. 하루하루 서연이의 마음은 부당한 현실에 대한 슬픔으로, 미움으로 그리고 증오심으로 채워져 갑니다.

가정은 가족들이 삶을 꾸려가는 터전입니다. 삶의 터전은 가족들의 땀으로 만들어집니다. 가족들이 흘리는 땀은 서로에 대한 사랑입니다. 사랑의 결실인 땀이 축적된 터전 위에서, 가족의 삶은 빛을 발합니다.

'75년에 걸친 하버드 대학교 인생관찰보고서'라는 부제가 붙은 미국의 정신과 전문의 조지 베일런트(George E. Vaillant)의 『행복의 비밀(Triumphs of Experience)』이란 책이 있습니다. 이 책이 밝힌 행복의 비밀은 '사랑'입니다. 가족 간의 사랑이야말로 현재의 행복은 물론 미래의 행복까지 보장하는 최고의 비결이라는 겁니다.

가족의 삶은 가족이 만듭니다. 가족 사이의 행복한 경험이 행복한 삶을 만듭니다. 사랑의 경험이 삶을 사랑으로 장식합니다. 행복하고 사랑스러운 삶은 행복하고 사랑스런 경험의 산물입니다. 행복이 행복을 낳고, 사랑이 사랑으로 이어집니다. 이것이야말로 가족이 서로에게 따뜻한 손을 내밀어야 하는 이유입니다. 어린 시절 경제적 풍요보다 중요한 것은 사랑하고 사랑받는 사랑의 경험입니다. 아이에게 베푸는 사랑만큼 소중한 유산은 없습니다.

문동만은 그의 시 「어떤 언약에 부쳐」에서

사람은
사랑 때문에 살고
사랑은
사람으로서 살게
합니다.

라고 노래합니다.

사람을 살게 하는 것은 사랑입니다. 사랑은 삶입니다. 사랑과 삶은 하나의 다른 이름입니다. 삶은 사랑이고, 사랑은 곧 삶입니다. 사랑의 결핍은 고통입니다. 아픔과 괴로움입니다.

아르튀르 랭보(Jean-Nicolas-Arthur Rimbaud)는 그의 시집 『지옥에서 보낸 한 철(Une Saison en Enfer)』의 「착란 1」에서 '사랑은 삶을 재발명하는 것이다.'라고 말합니다. 어른의 사랑을 통해 아이들의 삶은 매일매일 새로워집니다.

아이들의 삶은 사랑으로 이루어집니다.
아이들을 귀하게 여기는 마음이 귀한 아이를 만듭니다.
아이들을 존중하는 마음이 고귀한 아이를 만듭니다.

아이들을 사랑한다는 것은 아이들의 삶을 재발견해 가는 중요한 과정이자 목적입니다. 지금 눈앞에 있는 아이를 그대로 두는 것이 아니라, 숨겨져 있는 아이의 또 다른 모습을 찾아 지금까지 존재하지 않던 새로운 존재로 만들어가는 일입니다.

가족의 사랑은 그대로 싹을 틔우고 열매를 맺습니다. 아이들의 삶은 가족이 베푼 사랑의 모습입니다. 가족의 사랑이 아이의 웃음으로, 아이의 기쁨으로, 아이의 만족으로, 아이의 또 다른 삶, 또 다른 사랑으로 나타나는 겁니다. 아이의 아픔은, 아이의 눈물은, 아이의 슬픔은, 아이의 우울은 사랑의 결핍이 빚어낸 어둠입니다. 이것은 아이 곁을 떠난 가족의 유산입니다. 가족이 떠난 자리엔 슬픔과 아픔이 자라고 눈물이 고입니다.

가족은 사랑입니다. 가족의 사랑은 가족에게 주어진 의무입니다. 부모가 지닌 사랑은 아이에겐 권리입니다. 가족은 서로를 위한 존재입니다. 가족 각자의 가슴에만 머무는 사랑은 부패하여 부모와 자녀 모두의 삶을 무너뜨립니다. 사랑은 가족의 도리이기 전에 인간의 도리이고, 가정을 지키고 가족의 삶을 행복으로 이끄는 힘입니다.

아이들은 그렇게
어른의 아이가 되어간다

　시험! 이보다 두려운 것이 또 있을까? 아이들에게 시험보다 더 두렵고, 떨리고, 싫은 것은 없을 듯싶습니다. 시험은 일상을 바꿉니다. 자신의 욕구를 위한 삶을 멈추고, 시험의 욕구에 맞춥니다. 감정도 절제하고 억제합니다. 시험을 위한, 시험에 의한 삶으로 바뀝니다. 아이들은 철저히 시험을 위한 도구로 둔갑하고 시험을 위한 도구로 단련됩니다.

　시험은 아이의 삶을 멈추게 하고, 시험을 위한 삶을 요구합니다. 학교가 싫고, 공부가 싫은 것도, 자신을 잃고 시험을 위한 존재로 변화하는 자신에 대한 두려움 때문입니다. 그리고 그 결과가, 시험을 위한 삶이 가져올 미래가 무섭기 때문입니다.

　시험은 온갖 상처를 남깁니다. 시험을 치를 때마다 새로운 상처들이 생깁니다. 시간이 흐를수록 아이들은 상처투성이가 됩니다. 시험의 끝은 고통입니다. 슬픔이고 아픔입니다. 시험의 끝을 알기에 아이들은 시험을 꺼립니다. 피할 수만 있다면 피하고 싶습니다. 하나의 시험이 끝나면 또 다른 시험이 기다리고 있습니다. 앞으로 얼마나 더 많은 시험을 치러야 시험의 고통에서 해방될 수 있을지 알 수 없습니다. 알 수 없기에 두렵고, 알 수 없음에 더 절망합니다.

하나하나 시험이 끝날 때마다 아이들은 잠시라도 시험의 고통으로부터 벗어나고 싶습니다. 잠깐이라도 숨을 돌릴 여유를 찾습니다. 종일 늘어지게 잠도 자고, 맛난 음식도 마음껏 먹고, 손에 쥐가 나도록 움켜쥐었던 연필도 내려놓고, 뜸했던 친구들과의 수다도 떨고, 노래방이 떠나라 소리도 쳐보고, 참고서는 잠시 밀쳐두고 보고 싶었던 책을 가슴에 품어도 보고, 평소 마음에만 담고 있던 어딘가도 가보고, 모아둔 용돈을 털어 화장품 가게도 기웃거려 보고, 용케도 참았던 게임도 한판하고….

끝없이 이어지는 지난한 고난을 묵묵히 견뎌낸 팔다리에 휴식을 주고 싶습니다. 정해진 곳만 바라보고, 정해진 것만 듣고, 정해진 것만 보던 눈과 귀에게도 주변을 둘러볼 여유를 주고 싶습니다. 숨이 턱까지 차오릅니다. 숨이라도 돌리고 싶습니다.

시험의 끝은 아이들을 흥분시킵니다. 시험이 채 끝나기도 전에 무엇을 어떻게 하면서 즐길지 아이들의 머리는 즐거운 상상으로 들끓습니다. 시험 종료 시간이 다가올수록 아이들은 생기를 찾습니다. 잃었던 웃음을 찾고, 팔다리에 힘이 붙습니다. 그제야 주변의 친구들이 눈에 들어옵니다. 식욕도 돌아오고, 오장육부도 제자리를 찾습니다.

시험 마지막 날, 마지막 시간, 시험 끝을 알리는 종소리, 천국의 종소리가 이보다 아름다울까요? 시험의 스트레스를 한 방에 날려 주는 소리입니다. 약속이나 한 듯 아이들은 환호성을 지릅니다. 해방을 맞은 기쁨의 함성입니다. 아이들의 함성은 그간 아이들이 받았을 고통의 크기를 말해줍니다. 몸과 마음을 칭칭 옭아맸던 시험이라는 사슬이 풀리는 날, 풀리는 순간, 아이들은 그제야 숨을 몰아쉬고 졸였던 마음을 폅니다. 고통으로 옭아맸던 문제지를 날리고 자유의 몸이 된 동지들은 어느 새 한 몸이 됩니다. 시험은 속박이요, 시험 종료는 자유의 회복입니다.

신발을 신는 손길이 바쁩니다. 종례가 끝나기 무섭게 내달립니다. 야간 자율학습도 없습니다. 오랜만에 온몸으로 햇살을 받으며, 교문을 나섭니다. 교문을 향하는 발걸음이 쏜살같습니다. 마치 탈주하는 무리를 보는 듯합니다.

서연이는 어떻게 집까지 달려왔는지, 날아온 듯 귀갓길이 기억에 없습니다. 이 시간에, 이처럼 밝은 대낮에 대문을 들어선 것이 얼마만인지, 태양의 안내를 받으며 귀가한 것이 얼마만인지, 서연이는 늘 온 세상이 잠든 어둔 밤, 지친 몸을 질질 끌며 귀가하곤 했습니다. 그러나 오늘은 다릅니다. 세상이 온통 서연이를 반기는 듯 기쁩니다. 서연이는 문을 열자마자 엄마를 외칩니다.

"엄마!"

해방감에, 정말 행복해서, 기쁨에 겨워 외친 엄마, 그런데 그 엄마가, 그 엄마가 기쁨에 들뜬 아이의 가슴에 찬물을 끼얹었습니다.

"시험 잘 봤니?"
"등급은, 오르겠니?"
"얼른 밥 먹고 학원가라. 지난 번 시험 공부한다고 빠진 것 보충해야지."

"……."

서연이는 풀었던 가방을 다시 멥니다. 엄마의 욕구와 바람, 그리고 뜻과 의지와 꿈을 차곡차곡 한가득 넣은 가방입니다. 서연이의 가방 속엔 엄마만 있습니다. 서연이는 엄마와 한 공간에 있으면 질식할 것 같습니다.

엄마, 지금 막 시험 끝났어요. 이제 막...

서연이에겐 쉼이 없습니다. 쉼은 죄입니다. 쉼은 학생 신분에 어울리지 않습니다. 학생은 종의 신분입니다. 이것이 쉼이 허락되지 않는 이유입니다. 종의 몫은 그저 쉴 틈 없는 노동뿐입니다. 감히 낮고 천한 신분인 주제에 쉼이 웬 말입니까? 종에게는 인신의 자유도 행동에 대한 선택권도 없습니다.

이 순간, 쉼은 힘을 되찾는 일이라는 사실이, 휴식은 잃은 것을 회복하는 일이라는 사실이, 최상의 자기 자신으로 복원해주는 일이라는 사실이, 새롭게 펼쳐질 새로운 삶을 위한 에너지원이라는 사실이, 쉼은 삶을 이루는 모든 요소들이 필요한 힘을 얻고 삶을 풍요롭게 만드는 계기가 된다는 사실이, 꿈꾸자면 시간적 여유가 필요하다는 사실이…. 그러나 이러한 쉼의 배려가 적어도 지금 이 순간은 엄마에게 아무런 의미도 없습니다.

아무리 땀을 흘리고, 밤샘을 하고, 고생을 해도 당연한 일입니다. 보상을 받을 일도, 칭찬을 들을 일도, 수고했다는 인사 한마디 들을 일도 아닙니다. 종에게 부여된 마땅한 일이니까요. 엄마는 밥을 챙깁니다. 얼른 먹여서 또 다른 노동 현장으로 내보내야 하기 때문입니다. 시험을 치르느라 겪은 아이의 고통은 안중에도 없습니다.

아이는 점점 정체성을 잃어갑니다.

그리고 새롭게 아이의 정체가 만들어집니다.

'인형(人形)'

로마의 대표적 사상가인 세네카(Seneca)는 말합니다. '사람에게
는 여유가 필요하다고. 휴경하지 않는 땅의 생산성이 떨어지듯 쉼
없이 일하면 영혼의 힘은 무너진다고…'

온기 잃은
엄마의 품

"엄마 발소리만 들려도 가슴이 덜컹해요."

'세상에서 제일 듣기 좋고 아름다운 말이 무엇일까?'에 대한 얘기 중, '어머니'라는 어떤 아이의 대답 끝에 서연이가 자신도 모르게 내뱉은 말입니다.

"엄마는 마치 그림자 같아요. 언제든, 어디든 따라다니세요. 정말 무서울 정도예요."

서연이는 평소 말이 없습니다. 늘 조용하지요. 눈을 마주친 기억도 흐릿합니다. 목소리에 대한 기억은 더욱 아득하고요. 그러던 서연이가 엄마라는 말끝에서 입을 연 겁니다. 그리고 며칠이 지난 어느 날, 서연이를 다시 만났습니다.

"잘 지내지?"

말 대신 고개를 끄덕이는 모습을 보니 여전히 힘든 모양입니다. 지친 듯 무거운 표정, 그리고 힘없는 걸음걸이에서 서연이의 고통을 엿볼 수 있습니다. 몸짓에 체념이 잔뜩 묻어납니다.

"힘든 모양이구나. 엄마는 여전하시니?"

말없이 고개를 끄덕이는 서연이, 눈가엔 이슬이 맺힙니다. 서연이는 어머니를 말할 때 가슴에 심한 통증을 느낍니다. 어머니에 대한 기억이 머리에만 저장된 것이 아니기에 어머니를 말할 때마다 괴롭습니다.

"엄마는 서연이를 위해서 그렇게 하시는 것일 텐데….."

"알아요, 선생님. 엄마가 저를 위해서 그렇게 하신다는 건, 저도 잘 알아요. 저를 위해 얼마나 애쓰시고 계신지…, 고마운 마음이 없는 것도 아니고요. 뭔가 죄송하기도 하고…, 근데 제 입장을 전혀 생각하지 않으시는 것 같아서 힘든 거예요. 엄마 입장에서만…, 엄마니까 딸에게 그렇게 하는 것이 당연한 일이라고 생각하고 하시니까…, 근데 당하는 제 입장에서는 견디기 힘든 거예요. 엄마도 힘드시겠지요. 사실 엄마를 이야기할 때마다 마음이 복잡해요. 무겁고…, 아프기도 하고……"

몇 번씩 한숨을 토합니다. 엄마의 필요와 욕구만을 일방적으로 전하는 것은 엄마만을 위한 엄마만의 행위입니다. 서연이가 무엇을 필요로 하는지, 바라는 것은 무엇인지에 대한 세심한 배려가 필요합니다. 서연이가 수용할 수 없는 엄마의 베풂은 서로에게 고통일 뿐입니다.

아이가 공감하지 못하는 일은 그 어떤 경우라도 아이의 기쁨이 되기 어렵습니다. 아이의 공감을 얻지 못하는 일은 구속이고, 성장을 가로막는 장애일 뿐입니다. 세상을 보는 눈을 가리는 일입니다. 높고 멀리 나아갈 수 있는 가능성과 자기 발로 걷고 뛸 수 있는 능력을 키울 수 있는 기회를 빼앗는 일입니다. 서연이의 말은 계속됩니다. 맺힌 게 많은 모양입니다.

"엄마는 저 혼자 있는 것을 용납지 않으세요. 하루의 일과를 시간별로 체크하시고 확인하세요. 일거수일투족을 감시받는 삶, 정말 숨이 막혀요. 하다못해 학원까지 따라오세요. 다른 애들 보기 창피하기도 하고, 나를 믿지 못하시는 것 같아 불쾌하기도 하고, 화도

나고, 엄마는 마치 '너는 잘못할 준비가 되어 있지?'라고 묻는 듯해요. 제가 뭔가 큰 잘못이라도 저지르고 다니는 아이처럼 비춰질까 두려워요."

서연이의 말은 한풀이입니다. 오랫동안 가슴에 묵혀두었던 '한' 일수도 있습니다. 그리고 엄마에게 하고 싶은 말일지도 모를 일입니다. 괴롭고 힘들어하는 자신에 대한 원망이기도 합니다. 서연이는 언제 어디에서 엄마가 나타날지 늘 조마조마 하답니다. 어디를 가든 엄마가 보고 있을 것 같아 두렵다는 말을 할 때에는 몸서리쳐진다는 듯 몸을 움츠리며 뒤를 돌아보았습니다. 서연이는 늘 불안한 마음으로 뒤를 돌아보는 습관이 생겼다며 속상해 하기도 했습니다.

부모는 각본을 짜고 아이를 캐스팅해서 각본대로 연기하도록 요구하는 연출자가 아닙니다. 부모는 조력자입니다. 부모가 서 있어야 할 자리는 아이의 앞이 아닙니다. 아이의 뒤입니다. 아이가 가야 할 길을 정하고, 앞장서서 길을 만들고, 닦고, 아이를 이끌고 다니면서 이렇게 해라, 저렇게 해라 지시하고 명령하는 자가 아닙니다. 아이를 끌고 가는 존재가 아니라 뒤에서 격려해주는 자입니다. 무엇을 어떻게 하든지 지켜봐 주기만 하면 됩니다. 스스로 걸을 수 있도록 손을 놓고 가슴에서 내려놓아야 합니다.

아이에게 지나치게 가까이 다가서면 엄마는 족쇄가 됩니다. 아이의 움직임을 허용하지 않는 엄마는 그 자체로 아이를 가두는 울타리입니다. 태양을 가리고 바람을 막습니다. 길게 호흡하고 세상을 바라볼 수 있는 눈을 가립니다. 아이가 마음껏 움직일 수 있도록, 마음껏 세상을 호흡하고 세상을 바라볼 수 있도록, 손을 놓고 제 발로 걸을 수 있도록 등에서 내려놓아야 합니다. 그리고 시야를 가리지 않도록 옆으로 비켜서야 합니다.

물론 너무나 가혹하고 예측 불가능한 사회가 아이들에게 무력감을 주고, 세상살이가 피곤한 일들로 가득해지면 아이들은 부모의 손길을 믿고 의지하고 싶어 하는 것은 사실입니다. 세상이 피곤하면 할수록, 사방이 가로막히고 역경과 고통에 사로잡힌 채 어쩔 수 없는 상황에 처하면, 가족은 희망이 되고 위안이 될 것이라는 사실을 부인할 수는 없습니다. 그러나 과한 관심은 세상살이 자체를 가로막습니다.

부모는 아이의 마음을 의도치 않게 건드려 상처를 냅니다. 삶의 중심에 함부로 침범하기도 합니다. 그런 점에서 부모는 아이들의 삶에 대한 가해자로 살고 있지는 않은지 살펴보아야 합니다.

아이들이 따뜻함을 느끼는 것은 꼭 어른의 손길이 닿을 때가 아닙니다. 그저 옆에 있어주는 것만으로도 편안함을 느낍니다. 어른의 손길이 스트레스를 유발할 수 있다는 사실을 유념해야 합니다. 아이에 대한 사랑은 어른의 필요가 아닌, 아이의 필요에 대한 이해가 전제되어야 합니다. 어른과 아이 관계에 필요한 것은 서로를 바라볼 수 있는 아름다운 거리입니다.

"엄마는, 엄마의 행동이 자식에게 어떤 의미가 있는지 곰곰이 생각해봐야 한다고 생각해요. 무조건 엄마의 생각만으로 일방적으로 다가서는 것이 제 입장에서는 견디기 힘든 고통일 수도 있는 일이니까요."

서연이가 남긴 말이 가슴에 오래도록 남습니다.

아빠의 웃음이
그리운 아이

"아버지 말은 구속이에요."

한동안 보이지 않던 민준이를 만난 건 여름방학이 끝난 지 일주일쯤 지나서입니다.

"민준이, 오랜만이네."

우두커니 창밖을 내다보고 있는 민준이에게 인사를 건넸습니다.

"네, 안녕하세요?"
"응, 그래, 무슨 일이라도 있었니?"

"네…."

말끝을 흐리는 민준이의 표정이 어둡습니다.

"어려운 일이 있는 모양이구나."
"네, 집안에 일이 좀 있어요."
"힘들겠구나. 민준이가 장남이라고 했지?"

끄덕이는 모습에 힘이 없습니다.

"민준이 어깨가 무겁겠구나. 부모님께서 많이 의지하실 것 같은데…."
"그렇지 않아요. 저를 굉장히 못마땅하게 생각하세요."
"그래?"
"그건 민준이만의 생각 아닐까? 그러실 리가 있니?"

입을 다뭅니다. 한참 후,

"제가 하는 일은 뭐든 못마땅하게 여기세요. 이유가 없어요. 그냥, 싫어하세요, 무조건."

섭섭함과 원망이 뒤섞인 민준이의 말에는 눈물이 묻어납니다.

"아버지의 말은 하지 말라는 금지어(禁止語)뿐이에요. 할 수 있는
게 하나도 없어요. 뭐든 하지 말라는 것뿐이니까요. 아버지와 함께
있으면 가슴이 막혀요. 정말 답답하고, 뭘 어떻게 해야 할지 모르겠
어요. 어떻게 아버지의 뜻대로만 생활할 수 있겠어요?"

입을 열자 쌓였던 아버지에 대한 불평과 불만을 쏟아냅니다. 울
분을 토합니다. 한동안 억눌러왔던 감정이 복받치는 모양입니다.
이 아버지가, 내 아버지가 맞나 하는 생각을 하루에도 몇 번씩 한
다는 말을 할 때에는 목이 메는 듯 몇 번씩 숨을 토합니다.

"그래, 정말 힘들겠구나. 그래서 학교에도 오기 싫었던 거구."
"네, 물론 아버지 때문이기는 해요. 그런데 선생님들도 다르지 않
아요. 하지 말라는 것투성이고, 입만 열면 공부, 공부, 공부…. 선생
님 말씀을 들으면 정말 토할 것 같아요."

민준이는 폭력적인 아버지로 인해 제대로 된 부자관계를 경험
해본 적이 없습니다. 민준이는 극복해야 할 아버지만 있습니다. 조
언을 구하고 도움이 되는 아버지를 둔 적이 없습니다. 이것이 민준
이가 아버지를 부정하고 외면하는 이유입니다. 민준이는 아버지가

부끄럽습니다. 더욱이 폭력적이며 부끄러운 아버지를 받아들이고, 그 아버지를 다른 사람들에게 자신의 아버지임을 인정한다는 것은 어려운 일입니다.

민준이의 고민은 여기에서 끝이 아닙니다. 학교에는 또 다른 아버지가 있기 때문입니다. 민준이에게 교사는 아버지의 또 다른 이름일 뿐입니다. 의지할 수도, 기댈 수도 없는, 똑같이 그저 그런 어른일 뿐, 다를 게 없습니다.

교육은 자유의 확대입니다. 자유는 간섭의 배제입니다. '하지 말라'라는 어른들의 간섭은 자유의 구속입니다. 구속은 성장을 제한하고 보다 넓게 보고, 폭 넓게 사고할 기회를 박탈합니다. 이것은 자유의 상실입니다. 자유는 자유를 토대로 성장하기 때문입니다.

생각에 정답을 제시하고, 움직임의 공간을 제한하고, 틀의 벗어남을 용납지 않을 때 아이의 생각은 멈추고, 움직임은 멎게 마련입니다. 그것은 자유인이 아닌 노예의 길입니다. 아이들을 옭아매는 말의 사슬을 풀어야 합니다.

아이들은 마음껏 생각할 수 있어야 합니다. 마음껏 뛰고 소리 지를 수 있어야 합니다. 아이들의 생각과 움직임을 지지하는 것, 그것이 어른들이 해야 할 말입니다. 아이들의 시야를 넓히고, 사고의 폭을 넓히는 일, 다양한 힘을 키우고, 삶의 영역을 넓히는 일, 그것이 어른의 책무입니다.

어른의 말은 아이를 웃음 짓게 해야 합니다. 용기고, 희망이어야 합니다. 눈물을 닦아주고 아픔을 감싸주는 따뜻한 품이어야 합니다. 아이가 외면하는 어른의 말은 흉기입니다. 아이의 마음에 치유가 어려운 상처를 남기기 때문입니다.

가족은 힘들수록 힘이 됩니다. 가족의 힘은 소통에서 출발합니다. 막힌 소통이 민준이의 고통을 부릅니다. 대접받고자 하는 대로 대접하라는 인간관계의 기본을 무시하면 소통은 위협을 받습니다. 부모의 일방적 강제력 행사, 그리고 사랑의 이름으로 포장된 부모의 폭력이 아이에게 얼마나 큰 상처가 되는지 돌아보아야 합니다.

민준이의 아픔과 분노는 어른이 만든 환경의 산물은 아닐까요?

오늘도 민준이는 웃음 띤 아빠의 모습을 상상해 봅니다.

3장

교사의 간섭에서
벗어나기

교사의 시선에 아프다고, 희망이 없다고,
모든 것 다 포기했다고, 망했다고,
아픔과 슬픔을 호소하고 두려움에 몸서리치는 아이들에게
둥지처럼 전해지는 따뜻함이 있는가?

아이와 교사 사이를
가로막는 장벽

막 교무실로 들어서려는데 민준이가 교무실 앞에서 서성입니다.
무엇 때문인지 초조한 빛이 역력합니다.

"민준이구나, 왜 안 들어가고? 선생님 뵈러 왔니?"

"네."

"그럼 들어와, 근데 어느 선생님?"

"선생님요."

"나?"

"네."

"그래! 뭘 도와줄까?"

"저, 프린트 좀 해야 되는데…, 해주실 수 있나요?"

민준이는 쭈뼛거리며 들릴 듯 말 듯 말을 흐립니다. 오늘까지 과제물을 제출해야 하는데, 미처 집에서 프린트를 해오지 못했다면서….

아이들의 말은 그리고 생각은 늘 검열의 대상입니다. 옳은지 그른지, 사실인지 아닌지…. 아이들이 교사와의 대화를 꺼리는 이유는 알게 모르게, 의도하든 하지 않든, 교사로부터 자신의 마음속 생각이 검열 받고 평가된다는 우려 때문입니다. 아이와의 대화는 교사와 아이 사이에 차이를 두어 구별함 없는 평등한 대화여야 합니다.

"그럼, 할 수 있지. 자, 여기서 네가 직접 하거라."

자리를 내어주니 민준이의 손은 빛이 되어 움직입니다. 교무실은 아이들을 위한 일터입니다. 아이들을 생각하고, 아이들을 만나는 공간입니다. 교무실 앞에서 서성이는 것은 공간에 대한 거리낌이고 거부입니다. 그것은 단순히 물리적 공간에 대한 반응이 아닙니다. 공간을 차지한 교사들에 대한 아이들의 솔직한 마음입니다.

아이들이 다가서기를 꺼리는 공간이고, 회피하는 교사라면 아이들에겐 의미 없는 공간이고 의미 없는 존재일 뿐입니다. 그러한 공간에서 서로에 대한 믿음과 관심, 그리고 애정은 자라지 않습니다. 아이들의 발길이 끊긴 공간이라면, 아이들의 눈길이 멎은 교사라면 아이 곁에 있어야 할 하등의 이유가 없습니다. 아이들에게 교무실이 너무 멀리 있지는 않은지, 문턱은 높지는 않은지, 교무실 문이 교사와 아이 사이를 가리는 가림막은 아닌지 돌아볼 일입니다.

교사는 아이들이 만듭니다. 교사의 존재 의미는 아이들이 부여합니다. 교사의 임기는 아이들이 판단합니다. 아이들의 필요와 요구에 응할 준비가 되어 있을 때, 교사의 존재는 의미가 있습니다. 생각만으로도 설레고, 보고 싶고, 또 만나고 싶은 상대가 되어야 합니다. 교사는 아이들이 좋아해야 합니다. 좋아함은 아이들의 요구에 대해 교사가 긍정적으로 반응할 때 아이들이 베푸는 아름다운 보답입니다.

교사를 좋아하고, 존중하는 것은 학생을 좋아하고 존중하는 것으로부터 시작됩니다. 학생이 교사를 외면하는 것은 학생으로서 존중받을 권리에 대한 교사의 외면이 부른 결과입니다. 학생 배제, 학생 무시의 대가는 교사 배제와 교사 무시입니다.

교사는 직업인 이상의 의미를 지닙니다. 수많은 사람의 삶에 결정적인 영향을 미치는 존재이기 때문입니다. 교사의 가치관에 따라 아이의 삶은 달라집니다. 교사들의 생각이 아이들의 생각이 되고 가치관이 되며 그들이 걸어갈 삶의 길이 되기에 그렇습니다. 이기적 마음은 이기적 아이를 만듭니다. 이타적 마음은 이타적 아이로 이어지게 마련입니다. 함부로 대하는 교사는 인간을 단지 수단으로 여기는 아이를 만들기 쉽습니다.

교사는 철저히 아이들을 위한 존재이고 존재여야 합니다. 아이들의 삶에 동참해야 합니다. 기쁨도, 슬픔도, 아픔도 나누어야 합니다. 아이들의 필요를 채워주고, 요구를 들어주고, 아픔을 감싸주고, 함께 기뻐할 수 있어야 합니다. 교사들에게는 아이들의 모든 필요를 담을 수 있는 넓은 마음이 필요합니다. 교무실 앞에서 더 이상 교사들의 눈치를 살피며 서성이는 아이들이 없어야 합니다.

교무실이 아이들이 자발적으로 자신들의 인권을 반납해야 하는 약육강식의 세계는 아닌지, 교무실이 아이들을 거북하고 괴롭게 하는 교사들만의 밀실은 아닌지, 그래서 아이들이 발을 들여 놓을 수 없는 교사들만의 공간은 아닌지 돌아볼 일입니다.

아이들은 마음에 일어나는 여러 가지 감정을 정리하고, 갖가지 요구나 도움이 필요할 때 교무실을 찾습니다. 교무실을 향하는 발걸음은 걸음걸음 그렇게 절실할 수가 없습니다. 이토록 간절한 발걸음이 보이지 않는 장애에 부딪힌다면 어떨까요? 교무실은 늘 가보고 싶은 추억의 어느 장소처럼, 마음의 짐이 있을 때, 누군가의 위로가 필요할 때, 마음 편히 찾을 수 있는 곳이어야 합니다. 이것이 교무실이라는 공간이 주는 정서가 중요한 이유입니다.

별명엔 또 다른
아이가 들어 있다

"나만 보면 '늘보'래, 짜증나!"

우연히 듣게 된 아이들의 솔직 토크입니다. 선생님이 부르는 호칭에 대한 불만스러운 토로입니다. 이름 대신 관심과 사랑의 표현으로 부르는 애칭이 때론 아이들을 불편하게 합니다. 허물없이 부르는 부름의 말일지라도 아이의 마음을 헤아리지 못하는 말은 의외의 결과로 이어집니다.

교사들은 이름도 참 잘 짓습니다. 이름만 들으면 그 아이의 모습이 머리에 선명하게 그려집니다. 어쩜 그렇게 특징을 잘 잡아 거기에 어울리는 이름을 붙이는지. 직업이 선사한 능력(?)이 아닐까 싶습니다.

늘보는 수업 중 잠을 잘 자기에 붙여진 이름일 겁니다. 별칭은 대체로 부르는 이의 입장에서 재미있게 붙이기 마련입니다. 태도나 어투, 그리고 성격이나 버릇, 그리고 외모도 별칭을 짓는 데 동원되는 단골 소재입니다. 별명은 빠르게 퍼집니다. 재미있고, 놀리기 쉬운 별명일수록 빨리 퍼지고 오랫동안 기억됩니다. 어떤 별명은 평생 가기도 합니다. 수십 년이 흐른 뒤에도 별명은 지워지지 않습니다. 친구들은 이름보다 오히려 별명을 기억하고, 별명으로 기억되기도 합니다.

아이들이 별명에 민감한 이유가 여기에 있습니다. 물론 듣기 좋고 부르기 민망하지 않은 별명도 있습니다. 오히려 당사자가 별명으로 불리기를 바라는 별명도 없는 것은 아닙니다. 그러나 대체로 별명은 외모나 성격, 그리고 특성에 대한 조롱을 담기 마련입니다. 그러니 별명이 불편할 수밖에 없습니다.

"아니야, 나 그렇지 않아. 왜 너마저 그러니?"

민준이의 불평을 듣고 있던 친구가 선생님이 그냥 붙인 거겠냐며 선생님 입장을 대변하자, 민준이는 격한 반응을 보입니다. 그때 그 시간에만 특별히 피곤해서 잠깐 졸았을 뿐, 매시간 그렇게 잠만 자지 않는다면서 별명은 잘못 붙여진 거라며 별명 지우기에 적극적입니다.

어쨌든, 민준이는 '늘보'라는 새로운 이름을 얻었습니다. 이제 늘보는 민준이를 대신할 겁니다. 민준이를 접해본 교사는 물론 그렇지 않은 교사들일지라도 민준이를 늘보로 기억할 겁니다. 그리고 민준이는 잠을 잘 자는 아이라는 인식을 자신도 모르는 사이에 하게 될 가능성이 높아졌습니다.

민준이의 적극적인 해명에도 불구하고 사람들 머리에 기억된 별명은 쉽사리 지워지지 않습니다. 별명은 또 다른 이름입니다. 이름은 그 사람을 대변합니다. 어떤 존재로 규정짓는 일이기도 합니다. 그 사람을 모르는 사람들은 이름만으로 그 사람을 짐작하기도 하고 평가하기도 합니다. 별명 짓기는 그 사람이 어떤 사람이라고 만천하에 알리는 일이기도 합니다. 함부로 재미삼아 지어 부를 일은 아닙니다. 그 사람에게는 지울 수 없는 상처가 되기도 하니까요. 그 사람이 어떻게 생활했는지, 그 사람의 삶의 역사이기도 한 것이니까요. 치욕스럽고, 부끄러워 숨기고 싶은 삶의 흔적일 수도 있습니다. 그러나 별명은 이를 용납지 않고 들춥니다.

어떤 존재였는지, 어떤 삶을 살았는지 그래서 어떤 대우를 받으면서 생활했는지 별명 속에는 모든 정보가 적나라하게 들어 있습니다. 별명은 그 사람이 어떤 사람이라고 낙인찍는 것과 다름없습니다. 불리기 싫은 별명으로 불리는 것은 아연케 하는 폭력입니다.

아이들이 평생 부르고 싶고, 듣고 싶고, 미소가 지어지는 별명을 붙여주면 어떨까요? 별명을 붙여준 선생님을 고마운 마음으로 떠올릴 수 있는, 평생 불리기를 바라는 별명을 지어주는 것은 어떨까요? 별명이 삶에 긍정적인 에너지로 작용해서 정말 멋지고, 예쁘고, 존경받는 삶을 살아가는 데 힘이 되는 별명을 지어주는 것은 어떨까요?

아이는 불리는 대로 되는 법이니까요. 특별히 바라는 아이의 모습이 있나요? 자라서 이런 사람이 되었으면 하고 바라는 모습이 있나요? 그러면 그렇게 불러주세요. 아이는 그러한 모습이 되어 선생님 앞에 나타날 테니까요.

선생님과의
거리

서연이가 겸연쩍은 얼굴로 선생님을 찾습니다. 1교시도 시작하지 않은 이른 시간입니다. 무슨 긴요한 이야기라도 있는 모양입니다.

"선생님!"

조심스레 선생님을 부릅니다. 듣지 못하셨나? 컴퓨터 모니터를 향해 있는 선생님의 눈은 미동도 없습니다.

"선생님!"

다시 부릅니다.

"그래, 뭐! 얘기해!"

선생님은 컴퓨터에 얼굴을 묻은 채 짜증 섞인 대꾸를 합니다. 서연이는 주저합니다. 누구에게 이야기하라는 것인지 잠깐 헷갈립니다.

"저, 다음에….."

결국 서연이는 돌아섭니다. 선생님이 바쁘신 모양입니다. 서연이는 선생님의 '일'에 밀려납니다.

윗사람의 요구가 먼저다

침묵은 단지 소리만 생략된 상태가 아닙니다. 소리 없는 말이 더 차갑고, 날카롭게 마음에 박힐 수 있습니다. 말 없는 교사의 침묵은 아이의 시린 마음을 더욱 시리게 합니다.

교사와 아이의 언어 소통은 철저히 권력 관계입니다. 소통의 주도권은 늘 교사에게 있습니다. 이것이 아이들이 교사의 눈치를 살펴야 하는 이유입니다. 아이들이 이야기하고자 하는 이야기의 내용, 이야기의 성격, 이야기의 시급성 등 아이의 처지는 늘 후순위로 밀려납니다.

학교생활에서 교사와의 이야기는 누구나 반드시 거쳐야 하는 의식입니다. 언제든 어떤 식으로든 어떤 이유에서든 늘 필요하게 마련입니다. 그런데 그때마다 순탄치 않습니다. 아이들의 이야기가 교사의 일보다 중요하지 않기 때문입니다. 일이 늘 우선이기 때문입니다.

만물에 대한 인간의 태도는 그의 가치관이 규정합니다. 아이들의 성장과 발전, 그리고 인권과 존엄성을 중시하는 사람들에게 아이들은 특권적 존재입니다. 그러나 교사 자신의 성장과 발전, 그리고 자신의 인권과 존엄성을 중시하는 사람들에게 아이들은 특권을 부여할 하등의 이유가 없는 존재일 뿐입니다.

선생님의 책상엔 늘 일이 수북하게 쌓여 있습니다. 일은 상당 부분 윗사람들의 요구입니다. 물론 일을 통해 교사들은 성장합니다. 그 일처리는 곧 선생님의 능력 평가로 이어집니다. 능력 있는 존재로 살아남는 길은 늘 자기보다 더 약한 존재의 희생을 담보로 합니다. 이것이 아이들이 밀려날 수밖에 없는 이유입니다. 아이들의 요구는 힘이 없습니다. 요구에 응해도 그만, 응하지 않아도 문제 되지 않습니다. 이것이 학생의 필요보다 윗사람들의 필요를 먼저 챙기고, 그들의 비위를 맞출 수밖에 없는 이유입니다. 학생을 위한 존재여야 할 교사가 윗사람들을 바라보는 까닭입니다.

아이들은 하루 중 교무실을 찾을 수 있는 얼마 되지 않는 시간을 찾고 또 찾고, 이야기를 나눌 여유가 있는지 선생님의 상황을 두 번 세 번 확인하고, 이것저것 따지고, 계산하고, 생각에 생각을 거듭하여 겨우 겨우 선생님을 찾지만 일에 늘 차입니다. 일에 가려 선생님은 볼 수도, 만날 수도 없습니다. 일이 교사와 아이의 사이를 높고 두텁게 가로막습니다.

선생님은 항상 바쁩니다. 늘 일에 묻혀 지냅니다. 윗사람들의 요구가 멈추지 않기 때문입니다. 그리고 자기성장에 대한 열망이 강하기 때문입니다. 어쨌든 이야기하려던 아이는 우선순위에서 일에게, 윗사람들에게 밀려납니다. 지금 선생님에게는 아이보다, 일 아니 자신이 더 중요합니다. 주객이 전도된 셈입니다. 아이는 선생님의 이익 앞에서 가볍게 무시됩니다. 교사는 자신의 존귀와 위엄을 지키느라 아이들의 존엄은 쉽게 저버립니다.

마치 교사의 존재 이유가 윗사람들의 요구와 필요에 있는 듯합니다. 당연히 아이들의 요구는 교사의 여력에 속합니다. 윗사람들의 요구는 즉각 보장되지만, 아이들의 요구는 여유 시간이 있으면 한 번쯤 고려해볼 수 있는 일일 뿐입니다. 윗사람들의 요구는 아이들을 향해야 할 교사의 눈과 귀를 가로막습니다. 윗사람들의 요구를 거둘 때 아이들을 바라보고 아이들의 소리를 들을 수 있습니다.

"일을 빌미로 이야기를 회피하는 것 아닌가 싶어요. 선생님 입장에서는 아이들의 이야기는 뻔하고 듣기 불편한 이야기가 대부분일 테니까요."

언젠가 선생님과 이야기하기가 정말 힘들다면서 서연이가 했던 말이 떠오릅니다. 모든 교육은 인간의 존엄성을 존중한다는 전제가 깔려 있어야 합니다. 교육은 이야기로부터 시작됩니다. 이야기는 존중감의 표현입니다. 이야기를 듣는다는 것은 상대를 높고 귀하게 여긴다는 말입니다. 귀를 닫고 눈을 감고서 좋은 교육이 이루어질 수 없습니다.

교사의 일은 윗사람이 아닌 아이들을 향해야 합니다. 윗사람을 향한 눈과 귀를 아이들에게로 돌려야 합니다. 윗사람을 향해 쏟았던 열과 성을 아이들에게로 돌려야 합니다. 교사는 아이들을 위한 존재입니다.

아이들의 존엄성은 충분히 존중받고 있는지요? 아니 존중하고 있는지요? 높으신 분들의 군림이 없고, 신분처럼 되어버린 경직된 위계성이 없는 학교야말로 조금이나마 아이들의 불편함을 덜 수 있지 않을까 싶습니다.

생각을 숨기는 아이

"어디 아픈가 보구나."

　얼굴 전체를 가릴 만큼 커다란 마스크를 쓴 서연이가 복도에 마련된 쉼터에 웅크리고 앉아 있습니다. 호흡이 가쁜 듯 마스크가 들썩입니다.

"조퇴하고 병원에 가지 그러니?"
"아니에요. 그냥 참아볼래요."

　아이들은 자신을 드러내기 두려워합니다. 아파도, 생활에 불편함이 있어도, 이런저런 고민이 있어도 스스로 해결하려 애씁니다.

아이들은 아프고, 괴로운, 그리고 슬프다는 감정을 감춥니다. 그러다 도저히 힘에 부치면 친구를 찾습니다. 친구가 그나마 위안이 됩니다.

아이들은 <u>스스로</u> 자신의 행위를 검열합니다. 교사들이 용인할 말이고 행위인지 철저히 검열합니다. 그리고 교사들이 싫어하는 행동들을 스스로 걸러냅니다. 교사에게 좋은 아이라는 인상을 심어주기 위해, 아니 교사들의 심기를 건드려 '찍히지' 않으려 애씁니다. 교사들의 심기를 상하게 하는 것이 자신의 학교생활을 <u>스스로</u> 어렵게 만드는 일이라는 것을 여러 경험을 통해 잘 알기 때문입니다.

교사들은 아이들을 만날 때마다 행동 강령을 발표합니다. 행동 강령은 아이들이 행동하거나 판단할 때에 반드시 따르고 지켜야 할 기준입니다.

서연이의 웅크림은 강령의 힘입니다. 교사에게 사정을 이야기하지 못하고, 아픔을 호소하지 못함은 강령이 허락하지 않아서입니다. 교사가 일방적으로 제시하는 행동 강령은 아이들을 옭아매는 그물이 됩니다. 강령 속 아이들은 보이지 않는 사슬로 묶여 있습니다. 그물은 아이들을 포획하여 교사의 뜻대로 끌고 다니기 위해 고안한 장치에 불과합니다.

'아이들을 위한다.'라는 미명하에 쳐놓은 그물은 제한이라는 씨줄과 금지라는 날줄로 짜여 있습니다. 아이들에게 제시된 강령이 아이들을 위한 교육의 기능을 넘어 인간성을 해치고, 인격을 훼손

하며 인간의 존엄성마저 망가트리는 정도까지 간다면 문제가 아닐
수 없습니다.

아이들에게 제시된 행동 강령이 교사의 입장만을 대변하고 교사
의 처지만을 담고 있다면 아이들에게는 어떤 의미를 지니는 강령
일까요? 교사의 권리만을 보호하고 유지하고 교사의 권리만을 중
시하는 규범이라면 문제입니다. 아이들에게 요구하는 행동 강령은
철저히 아이들을 위한 지침이고 규정이어야 합니다. 아이들의 학
습 활동을 돕고 인간관계를 돌봐주고 꿈을 지지하고 그들이 걷는
걸음에 힘을 보태는 일이어야 합니다. 교사들의 편의만을 생각해
서 아이들을 이렇게 저렇게 교사들의 구미에 맞추어 꾸미고 만들
려는 장치여서는 안 됩니다.

아이들은 어른들이 쳐놓은 그물에 걸려 꼼짝달싹도 못합니다.
그물은 학생과 교사의 관계를 훼손합니다. 거칠고 사납게 만듭니
다. 교육은 관계로부터 시작된다는 점을 고려할 때 학생과 교사의
관계를 흩트리는 그물은 이제 거두어야 합니다.

과제는
성장의 재료인가

　수업 종료 벨 소리와 함께 복도는 다시 깨어납니다. 아이들에게
수업 종료 벨은 기상을 알리는 알람이 됩니다. 복도는 교실을 이동
하는 아이들로 금세 북새통이 됩니다. 복도는 만남의 장이기도 합
니다. 한두 시간 헤어졌던 옆 반 친구들과의 수다가 이처럼 즐거울
수는 없습니다. 뭐가 그리도 즐거운지 웃음소리가 끊이지 않습니
다. 수업 시간에 지쳐 쓰러지는 것이, 쉬는 시간에 기력을 다 소진
해서인가 봅니다.

　이런저런 생각을 하면서 교무실로 들어섰습니다. 그런데 분위기
가 싸합니다. 두 아이가 뭔가 잘못을 저질렀는지 선생님께 불려와
야단을 맞고 있습니다. 선생님은 아이들에게 아까 수업 시간에 왜
그랬는지 말해 보랍니다. 무엇인지는 알 수 없으나 뭔가 큰 잘못이

라도 저지른 것이 분명해 보입니다. 아이들은 머뭇머뭇 선뜻 대답
을 하지 못합니다. 선생님은 재차 묻습니다.

"왜 그랬는지 말해 보라니까! 선생님은 지금껏 너희 같은 애들을
본 적이 없어. 어떻게 매 시간 그럴 수가 있니, 얘기를 하면 들어야
할 것 아니야?"

"죄송합니다."

기어들어가는 목소리로 아이들은 용서를 구합니다.

"저 녀석들은 매시간 떠들어요. 안 떠드는 시간이 없어요. 어쩜
매시간 똑같지! 쟤들 때문에 도대체 수업을 할 수가 없어요."

애들을 내보내신 선생님은 아이들의 죄목을 밝힙니다. 매시간
떠든답니다. 아무리 이야기해도 도통 변하지 않는다네요.

"누구 놀리는 것도 아니고…, 다른 애들도 쟤네들 때문에 피해가
커요."

어떻게 해야 할지 답이 안 나온다면서 한숨을 토합니다. 학기가

시작되고 지금까지 단 한 시간도 조용한 적이 없었답니다.

아이의 능력에 부친 내용은 폭력입니다

폭력은 매로만 이루어지지 않습니다. 심한 말과 악한 표정만이 아닙니다. 아이의 능력과는 거리가 먼 학습도 폭력일 수 있습니다. 폭력은 관심과 사랑의 부재입니다. 아이들의 능력을 지나치게 벗어난 학습은 아이에 대한 관심이 없음을 의미합니다. 능력에 맞는 학습 내용을 제공해야 합니다. 아이들의 떠듦과 잠, 학습에 대한 아이들의 무관심은 아이에 대한 무관심이 부른 결과입니다.

아이의 처지와 능력과 학습력 등을 고려해야 합니다. 성적이 높은 아이들에게도 벅찬 과제를 성적이 낮은 아이들에게도 똑같이 제시하고 해결할 것을 요구할 때 아이들은 고통스럽습니다. 그리고 고통은 화로, 짜증으로, 종국에는 외면으로 이어집니다. 아이들에게 맞는 과제를 부여해야 합니다. 아이의 능력과 필요 등을 고려한 학습 내용을 제공해야 합니다. 그것은 아이에 대한 관심이고 사랑입니다. 아이에 대해 알고 있다는 뜻이기도 합니다. 아이들은 자신에 대해 알고 관심을 기울여줄 때 관심과 애정으로 답합니다.

아이들 능력을 훌쩍 뛰어넘는 과한 과제는 어쩌면 아이들에게는 '너에게는 관심 없다.'라는 선언으로 들릴지도 모를 일입니다. 어른들의 무관심 선언은 폭력입니다. 아이들의 상처는 사랑의 결핍으로 생겨납니다. 아이들의 처지에 대한, 능력에 대한, 흥미와 생각에 대한, 요구에 대한, 말에 대한, 표정에 대한 무관심이 상처를 부릅니다.

수업에 대한 아이들의 무관심은 어른들의 무관심에 대한 아이들의 반응입니다. 교사가 무엇을 해서가 아니라, 무엇을 하지 않아서 생기는 일입니다. 아이들은 자신에게 무관심한 교사에 대해, 그리고 그 교사가 행하는 수업에 대해 똑같이 관심을 두지 않습니다.

들어도 무슨 말인지 알 수 없는 말을 들으라고 강요하는 것은 고문입니다. 아이들 입장에서는 차라리 듣지 않는 편이 마음 편한 일입니다. 수업 중 떠듦은, 그리고 잠은 어른들의 무관심에 대한 분노이고 화입니다. 그리고 고문을 피하기 위한 아이들 나름의 방책입니다.

잘 못하는 것보다 아무것도 하지 않는 것이 나은 일일 수 있지만, 해야 할 일을 하지 않는 것은 더욱 좋지 않습니다. 아이들의 처지와 아이들의 필요와 아이들의 요구에 대한 점검이 필요합니다. 아이들의 필요를 아이들의 처지에 맞추어 채워주는 것이 수업입니다.

교사가 해야 할 일은 아이들을 사랑하는 일입니다. 아이들의 일거수일투족에 관심을 기울이는 일입니다. 그들의 생각에 관심을 기울이는 일입니다. 그들의 말에 귀 기울이고 그들의 요구에 손을 뻗는 일입니다.

학교는, 그리고 교사는 아이들의 능력과 의지를 발견하고 그것이 성장할 수 있는 터전을 마련하고 기회를 제공해야 합니다. 능력과 의지와는 전혀 상관없는 과제를 일방적으로 던져주고 읽고, 쓰고, 풀고, 외우기를 요구하는 것은 아이들로서는 감당하기 힘든 일입니다. 아이들은 어른들의 관심으로 자라납니다. 관심과 성장은 비례합니다. 어른의 관심은 아이들을 성장시키는 원동력입니다. 선생님의 손길이, 눈길이, 그리고 아이를 향한 마음이 아이들을 웃게 합니다.

아이들은 다양합니다. 능력도, 생각도, 관심도, 흥미도, 가치관도, 세상을 바라보는 관점도, 필요와 요구도, 처지도···. 아이들의 다름을 고려해야 합니다. 모든 것이 다른 아이들에게 동일한 내용을, 동일한 방식으로, 동일한 장소에서, 동일한 시간에, 동일한 교사가, 동일하게 제공하는 것은 아이의 나이, 건강 상태, 신체조건, 처한 상황 등에 대한 고려 없이 매일 같은 음식을, 동일하게, 같은 양을 먹이는 것과 다르지 않은 일입니다. 이것은 고문입니다.

교육은 아이들의 의지와 능력과 흥미를 반영할 때 제 구실을 할 수 있습니다. 아이들의 떠듦은 고문에 대한 자연스러운 반응은 아닐는지요?

말하기보다
듣기가 중요하다

인간의 존엄성을 해치고, 인권을 훼손하고, 자유와 평등과 같은 인류의 보편적 가치를 침해하고, 평안함을 깨뜨리고, 불안감을 부추길 때 우리는 '문제'라는 표현을 씁니다. 제도가 그렇다면 문제 있는 제도고, 정책이 그렇다면 문제 있는 정책입니다. 불편함을 주는 집은 문제 있는 집이고, 도로가 그렇다면 문제 있는 도로가 됩니다. 사람이면 문제 있는 사람입니다.

아이들의 존엄성을 해치고, 아이들의 인권을 훼손하고, 통제와 억압을 가해 아이들의 자유를 해한다면 '문제 있는 존재'입니다. 아이들의 소리에 귀를 닫고, 아이들의 눈을 막고, 입을 막는 것은 아이들의 존엄성에 상처를 입히는 일이고, 아이들의 인권을 모독하는 일입니다. 아이들의 소리를 힘으로 짓누르고, 그들의 소리를 정당한 근거 없이 오답으로 치부하고, 어른이 보여주는 것만을 보도록 강제하는 것은 아이에 대한 부인이고 부정입니다.

아이들의 귀와 눈을 교사 자신에게 고정시켜 자신만을 바라보고 자신의 소리에만 귀 기울이도록 요구하는 교사는 '문제 있는 교사'입니다. 아이들이 자신들의 입장에서 생각하고, 그들의 눈으로 세상을 보고, 그들의 귀로 세상을 들을 수 있는 기회를 제공하지 못하는 교사라면 '문제가 있는 교사'입니다. 아이들의 눈과 귀를 막고, 오직 자신이 보고 느낀 세상이 세상의 참 모습인 것처럼 아이들 앞에 내놓는 것은 아이들의 다양한 관점이 자랄 기회를 박탈하는 일이기 때문입니다. 그것은 아이들의 삶을 망가뜨리는 일입니다.

아이들의 존엄성을 해치고, 아이들의 인권은 안중에도 없는 학교라면 문제 있는 학교가 됩니다. 학교는 아이들이 마땅히 누려야 할 자유와 평등, 생명과 자유, 정직, 신뢰, 평화, 사랑과 같은 인류의 보편적 가치를 확장시켜 가치 있는 인격체로서의 삶을 살아갈 수 있는 능력을 길러주기 위한 사회적 장치라는 점에서 그렇습니다.

지금 아이들 앞에 서 있는 교사, 그리고 부모는 어떤 존재일까요? 또 학교는 어떤 곳일까요? 문제 있는 교사, 문제 있는 부모, 문제 있는 학교는 아닌지요? 억지 걸음으로 교문을 들어서고, 기죽은 모습으로 교사를 대하고, 교문을 들어서는 순간부터 움츠러든다면, 분명 교사나 부모는 문제 있는 존재이고, 학교는 문제 있는 공간입니다. 문제가 없는 존재인지, 아이들에게 불편함을 주지는 않는지, 아이들의 인권에 상처를 입히지는 않는지, 자유를 구속하고 신뢰를 저버리지는 않는지 자신의 언행에 대한 성찰과 다짐이 필요합니다.

아이들의 인권을 존중하고, 아이들을 있는 그대로 수용하고 인정하는 존재이기를 바랍니다. 아이들은 어른으로부터 많은 아픔을 경험합니다. 인간으로서의 권리를 누리지 못하고 존엄성에 상처를 입습니다. 이것이 어른의 소리에 기쁘고 어른의 손짓에 설레지 못하고, 놀라고 경직되는 이유입니다.

학생다움은 굴레다

'학생답게 생활해라!'

복장은 물론, 두발, 장식, 화장, 신발, 심지어 양말 색상까지 '학생다움'을 결정하는 잣대가 됩니다. 학생다운 복장, 학생다운 신발, 그리고 학생다운 양말을 착용하랍니다. 말도 학생다운 말이 있고, 앉아 있는 자세에도 어김없이 학생다움이 따라붙습니다. 10대는 가히 학생다움이라는 울타리 안에서, 학생다움을 모토로, 학생다움을 추구하며, 학생답게 입고, 웃고, 말하고 학생답게 행동해야 하는 '학생다움'의 시대입니다.

10대, 청소년기는 청소년의 외투를 입고 어른의 삶을 좇아야 하는 시기입니다. 어른의 생각, 어른의 가치관이 정답입니다. 어른의 감정은 아름답습니다. 옳고, 선합니다. 아이들의 감정은 거칠고 투박하고 위험하기조차 합니다. 그래서 어른의 느낌대로 느끼고, 어른의 생각을 좇고, 어른이 웃을 수 있는 생활을 해야 합니다. 어른의 발자국을 그대로 따를 때 모범생이고, 장래가 촉망되는 인재가 됩니다.

"어쩜 애가 그렇지? 아무리 설명해도 이해를 못 해. 끝까지 자기 생각이 옳다는 거야!"

오랜 시간 아이와 이야기를 나눈 어느 선생님이 어처구니없다는 듯 개탄스레 내뱉는 말씀입니다. 선생님은 대화가 되지 않는다며 가슴을 칩니다. 아이의 생각을 도저히 이해할 수 없다는 겁니다. 학생이 뭐 저 모양이냐는 투입니다. 그렇다면 아이는 어떨까요?

이해 못 하기는 아이도 마찬가지입니다. 교사가 자신의 생각을 정답으로 규정해놓은 상태라면 실마리를 풀기는 어렵습니다. 교사의 생각이 정답인한 아이의 생각은 언제나 오답이기 때문입니다. 그리고 교사의 입장에서 아이가 교사의 생각을 받아들이지 못하는 것은 오답을 정답이라고 우기는 꼴이 됩니다. 교사의 복장이 터지는 것은 이 지점입니다.

학생다움은 어른의 뜻을 거스르지 않는 일입니다. 그것은 10대들에게 자신의 뜻을 접어두라는 말이기도 합니다. 생각도, 감정도,

의지도, 관점도 어른의 것을 따르라는 말입니다. 어른의 뜻을 잘 받드는 생활이 학생다운 삶이고, 학생으로서의 도리라는 겁니다. 따라서 아이가 자신의 생각을 드러내는 일은 어른의 뜻을 거스르는 일이고, 그것은 결국 학생다움을 잃는 겁니다. 어른들은 어른의 뜻을 거스르고 학생다움을 잃은 아이에게는 어른의 뜻을 거스른 아이라는 의미로 문제라는 표식을 붙입니다.

"그 녀석 문제야. 아이고 속 터져 정말!"

자신의 말을 이해 못 하는 아이에게 교사는 어김없이 문제라는 딱지를 붙입니다. 그리고 문제 있는 아이라는 이러한 진단 결과는 별다른 논의나 검증 과정 없이 기정사실이 되어 만천하에 그대로 고지됩니다. 그러나 문제 있는 아이가 있는 것이 아닙니다. 문제라는 딱지를 붙이는 교사가 있을 뿐입니다.

교사의 생각과 다른 생각은 문제 있는 생각이고, 교사의 생각과 다른 생활은 문제 있는 생활이 됩니다. 학생다움을 유지하는 길은 교사의 생각을 그대로 생활 속에서 실천으로 옮기는 일입니다.

'학생답게'라는 어른의 요구는 어른의 뜻에 따르라는 명령일 뿐입니다. 어른이 규정한 성질과 특성을 지니고 어른이 가리키는 길로, 어른이 이야기한 방식대로 걸어가라는 말입니다. 이쯤 되면 학생다움은 신분이고 굴레입니다. 학생다움은 아이를 어른의 뜻 안에 가두는 일이기 때문입니다.

지금 세상은 어른들이 살아온 청소년 시절과는 질적으로 다릅니다. 어른이 걸어온 길과 아이가 걸어갈 길은 다른 길입니다. 무엇보다 어른은 아이의 미래가 아닙니다. 어른은 아이의 미래를 위해 필요한 과거일 뿐입니다. 어른처럼 생각하고 어른처럼 살기를 요구하는 것은 아이들의 미래에 대한 횡포입니다. 어른의 삶은 아이들이 따라야 할 대상이 아닙니다. 아이들 삶에 필요한 참고용일 뿐입니다. 어른이 겪은 청소년 시절을 아이들에게 요구할 수 없습니다. 어른은 청소년의 고민에 동참하려는 마음이 필요합니다.

'민주주의는 공장 문 앞에서 멈춘다.'라는 말이 있습니다. 아무리 정치적 민주주의가 구현되고, 민주주의가 당연시 되는 사회라도 회사 안에만 들어가면 민주주의는 실종된다는 겁니다. 행여 아이들이 '민주주의는 교문 앞에서 멈춘다.'라고 느끼지 않을까 염려스럽습니다.

민주주의는 통상 주권이 국민에게 있고 국민이 권력을 가지고 그 권력을 스스로 행사하며 국민을 위하여 정치를 행하는 제도라고 정의됩니다. 학교는 민주의 공간이고, 민주 교육의 장입니다. 민주 시민 양성이라는 거창한 구호도 내걸었습니다. 민주 교육은 학생에게도 일정 부분 교육을 위한 주권이 주어질 때 실현됩니다. 아이들의 주권 행사가 가능해야 합니다. 그리고 진정으로 아이들을 위한 교육이 이루어져야 합니다.

그렇다고 학생다움이 불필요한 규제라는 말은 아닙니다. 규제 전에 비민주적이고 비윤리적인 요인들이 사전에 충분히 고려되었는지를 묻고 싶을 뿐입니다. 아이들이 처한 환경과 맥락이 거세된 채 일방적으로 주어지는 규율은 비효율적일 뿐만 아니라, 교육적이지도 않은 일입니다.

'정보 수집에 뛰어나며, 상상력에 한계가 없고, 열린 사고를 지니고 있다. 또한 굉장히 능동적이며, 민주적이고, 무한한 가능성을 지니고 있다.' 프랑스 철학자 미셸 세르(Michel Serre)가 그의 책『엄지 세대, 두 개의 뇌로 만들 미래(Petite Poucette)』에서 현대를 살아가는 젊은이들을 평가한 말입니다. 아이들은 새로운 세대입니다. 당연히 그들이 만들어 갈 세상도 새로운 세상입니다. 이들은 세상의 변화를 주도하는 세력입니다. 새로운 세상에는 새로운 규칙이 필요합니다. 어른의 요구가 이들이 펼쳐갈 세상에 어떤 의미를 지니는지 고민해야 합니다.

어른들에게 교육이 미치는 범위는 대단히 좁습니다. 우리나라라는 공간, 현재라는 시간, 물적 가치에서 한 치도 벗어나지 못한 듯합니다. 세계와 미래라는 시공간, 행복한 삶이라는 가치는 일고의 고려의 대상이 되지 못합니다. 전 지구촌을 대상으로 오늘이 아닌 내일의 삶을 펼쳐갈 아이들에게 오늘 여기, 그리고 물적 가치만을 바라보도록 강요하는 것은 아닌지 돌아볼 일입니다.

언제부턴가 아이들에게 어른은 극복의 대상이 되었습니다. 충고와 도움이 되는 어른을 가져본 적이 없습니다. 교육은 아이들에게 부여된 당연한 권리입니다. 마치 벌을 받듯 학교생활을 해야 할 아무런 이유가 없습니다. 어른의 행동으로 아이들이 견뎌야 하는 수치심은 인간이라면 다른 인간으로부터 받아서는 안 되는 감정적 체벌입니다. 아이들을 무릎 꿇려야 자신의 권위가 선다는 비뚤어진 특권 의식은 아이들의 인격에 상처를 줍니다. 아이들의 학습 활동을 위한 학교 교칙 역시 아이들에게 모멸과 수치를 가르치는 용도로 활용된다면, 교육을 가장한 제도적 폭력이 됩니다.

교사들의 무례한 손길과 말은 포기할 수 없는 것을 포기하도록 요구합니다. 포기할 수 없는 것, 아이로서 가져야 할 최소한의 존엄성을 외면 받습니다. 그것은 교육이 아니라 자신을 해치는 잔인한 일입니다. 포기할 수 없는 것은 포기하지 않도록 존중되는 교육, 그것이 존엄한 인간에게 허용된 교육적 가치입니다.

교사와 학생은 신분 관계일 수 없습니다. 그러나 명을 내리고 명을 받아야 하는 불평등 관계로 인식한다면 이미 아이를 위한 교육이라는 명분은 사라지게 됩니다. 아이들이 자신에게 주어진 교육적 권리를 당당히 행사할 수 있는 민주적 교육 체제가 교문 안에서 제대로 실현될 때 교육적 민주주의는 꽃 필 것입니다. 피어난 민주주의는 아이들을 옥죄는 굴레를 벗기는 열쇠가 되고 아픔을 해소하는 치유제가 됩니다.

민주주의가 사라진 곳엔 독재가 자라기 마련입니다.

교사의 눈길이
닿지 않는 자리는 어둡다

"걘, 원래 그래요. 한 번도 말하는 걸 들어본 적이 없어요."

"말뿐 아니에요. 늘 혼자예요. 친구도 없는 것 같아요."

"수업 시간 내내 꼼짝도 하지 않잖아요. 움직임도 없어요."

"걘 자리도 늘 그 자리던데요. 다른 자리에 앉는 걸 본 적이 없어요."

"늘 보면 뭔가 걱정거리가 많은 것 같더라고요."

수업 종료 후 쉬는 시간, 아이들 수업 태도에 대한 이야기 끝에, 누군가가 서연이에 대한 이야기를 끄집어냅니다. 서연이라는 이름은 모르지만 특정 반을 이야기하자 선생님들은 하나같이 서연이를 지목하면서 한마디씩 거듭니다.

선생님들은 한결같이 서연이를 독특한 아이로 눈여겨 본 듯합니다. 서연이의 자리는 음지입니다. 빛이 들지 않는 차가운 자리입니다. 서연이가 움직임을 멈추고, 말을 잊고, 웃음을 잃고, 그리고 친구들과의 거리마저 멀어져서 차가운 음지가 된 것은 교사의 눈길이 닿지 않기 때문입니다.

교사의 눈빛은 따뜻한 햇살입니다. 차가운 마음을 녹이고, 굳게 닫힌 입을 열고, 아이들과의 거리를 좁히는 것은 차별 없이 비추는 교사의 정감어린 눈빛입니다. 교사의 눈이 몇몇 특정 아이에게 집중될 때 누군가의 자리에는 어둠이 짙어집니다. 눈빛을 잃고, 고개를 떨구고, 어깨가 움츠러들고, 가슴을 웅크리는 것은 가슴에 부는 찬바람 때문입니다. 아이들 눈에 빛은 어른의 관심이 밝힙니다. 아이들이 어깨에 힘을 주고 가슴을 펴는 것은 교사의 관심입니다.

관심은 자극입니다. 자극은 멈춤에 저항하는 원동력입니다. 이목구비를 닫고 마음의 문마저 굳게 걸어 잠근 서연이의 마음을 녹이는 햇살입니다. 교사의 눈길과 손길은 자기 안에 갇힌 아이를 세상 밖으로 인도하는 길잡이입니다.

교사는 아이들 모두에게 고루 따뜻한 눈길을 주어야 합니다. 특정 아이만을 비춘 교사의 눈빛은 주변을 어둡게 합니다. 주변이 어두우면 어두울수록 주변에 있는 아이의 모습은 멀어져 결국 보이지 않게 됩니다.

교실은 씨를 뿌려 모를 키우기 위하여 만들어 놓은 모판을 닮았습니다. 모판에 심겨진 싹들은 주인의 정성으로 자랍니다. 때에 맞추어 물을 주고 필요한 거름도 줍니다. 물과 거름은 모든 씨앗에게 고루 필요합니다. 물길이 닿지 않는 씨앗은 발아하지 않습니다. 거름 기운을 맡지 못하는 씨앗은 성장을 멎습니다. 교사의 사랑은 모든 아이에게 고르게 퍼져야 합니다. 아이를 좁고 어둔 세상에 가두고, 움직임을 제한하고, 차가운 세상을 홀로 견디게 하는 것은 어른의 편파적 태도입니다.

내가 그의 이름을 불러 주었을 때
그는 나에게로 와서
꽃이 되었다.

내가 그의 이름을 불러준 것처럼
나의 이 빛깔과 향기에 알맞은
누가 나의 이름을 불러다오.
그에게로 가서 나도
그의 꽃이 되고 싶다.

김춘수는 그의 시 「꽃」에서 무의미한 사물에 의미를 부여하는 것은 이름을 불러 주는 것이라고 말합니다. 무엇이라 규정지을 수 없는 존재를 그 무엇이 되게 하는 것은 교사의 관심이고 애정입니다. 아이들의 의미는 교사의 관심으로 생겨납니다. 수년 어둔 대지에 묻힌 채 지내던 온갖 씨앗들이 자연의 관심 속에서 자신들의 정체를 들어내 듯, 어른의 관심은 아이들의 정체를 밝히는 힘입니다. 어른의 관심과 애정은 잠재된 아이들의 능력에 힘을 부여하고 그 어떤 존재가 되게 합니다. 무의미한 사물을 꽃이 되게 하는 힘, 그것은 어른의 관심입니다.

아이들의 즐거움은
교사의 괴로움이다

"뻥, 우우우웅 퍼버벅…."

묘한 소리가 하늘을 덮습니다.

"폭죽이다~!"

누군가가 강하고 짧게 외쳤습니다. 조용하던 교실이 갑자기 벌떡 일어섭니다. 그 순간 약속이라도 한 듯 아이들의 시선이 일제히 창밖으로 향합니다. 하늘을 화려하게 물들이고 있는 빨강, 파랑, 노랑, 보라…, 둥글고, 뾰족하고, 퍼지고, 처지고, 솟고…. 형형색색의 폭죽들이 아이들의 시선을 사로잡습니다.

고개만 빼죽이 내밀고 있던 아이들이 못 견디겠다는 듯 복도로 우루루 몰려나옵니다. 폭죽은 이에 보답이라도 하듯 더욱 높이 그리고 화려하게 퍼집니다. 아이들의 입에서도 폭죽 소리가 울립니다. '와아아우~우….', 아이들은 온몸으로 폭죽을 맞습니다.

"야~! 너희들 뭐하는 거야!"

그때, 바로 그때입니다. 선생님의 호령 소리가 폭죽 소리를 잠재웁니다. 아이들의 자습을 감독하시던 선생님입니다. 책과 떨어진 아이들의 눈이, 의자를 벗어난 아이들의 엉덩이가, 그리고 시끌벅적 아이들의 입놀림이 못마땅한 모양입니다.

아이들은 쏜살같이 교실로 몸을 숨깁니다. "후두두 다다닥." 순식간에 아이들은 자취를 감춥니다. 그리고 금세 세상이 잠든 듯 조용해집니다. 교실로 들어선 아이들은 걸리지 않았다는 안도감에 가슴을 쓸어내립니다.

"아이고, 놀래라. 아유 정말 깜짝 놀랐네…. 걸리기라도 했으면…."

생각만으로도 끔찍한 모양입니다. 아이들은 손을 모으고 몸을 떠는 시늉을 합니다.

"제가 제일 먼저 뛰어 들어왔어요."

서연입니다. 속삭이듯 자랑스레 입을 크게 벌려 소리 없이 외칩니다. 걸리지 않은 것이 기쁜 모양입니다.

"시험이 언제인 줄 모르냐! 너희들 정신이 있는 거야, 없는 거야!?"

아이들이 사라진 빈 복도에는 아직도 선생님의 소리가 멈추지 않았습니다. 아이들의 인상이 자연스레 찌푸려집니다. 잠깐의 즐거움조차 허용되지 않습니다. 웃음 섞인 교실은 불량한 공간입니다.

교사의 소리는 졸지에 교실을 침묵으로 물들입니다. 교사는 늘 보고 싶어야 합니다. 교사의 소리는 늘 듣고 싶은 소리여야 합니다. 행복하고 기쁨과 즐거움을 주는 소리여야 합니다. 그리고 언제나 만나고 싶고, 함께하고 싶은 그리운 존재여야 합니다. 교사의 소리가 아이들이 피하고 싶고, 듣기를 거부하고, 공포로 여기는 소리여서는 안 됩니다.

교사의 움직임, 잘 움직이면 교육이지만, 잘못 움직이면 폭력이 됩니다. 교육과 폭력은 아주 작은 차이에서 갈립니다.

누구인지도 모르는 아이 앞에서
교육을 논하다

"민아야, 안녕!"

복도에서 마주친 민아에게 반갑게 인사를 건넵니다.

"선생님, 제 이름은 아세요?"

그때 민아와 함께 있던 아이가 느닷없이 묻습니다. 순간 멈칫했습니다. 당황스러웠습니다. 그 아이의 이름을 몰랐거든요. 어쩌지, 머뭇거리고 난처해하자 옆에 있던 민아가 얼른 "서연이에요. 김서연" 하고 일러줍니다. 아이들은 존재 없음에 대해 아파합니다. 분명존재하지만 존재하지 않는 자신에 대해 슬퍼하는 거지요. 어른들 마음 밖에 존재할 뿐인 자신을 보고 기운이 꺾입니다. 버려진 존재라는 생각이 아이들을 아프게 합니다. 순간, 서연이의 눈빛이 섭섭함에 휩싸입니다.

"괜찮아요, 선생님."

"저를 아시는 선생님이 그리 많지 않으세요."라고 위로하는 서연이의 말에 서운함이 가득합니다. 서연이의 서운함은 큰 가르침이고 서늘한 꾸짖음입니다. 자신의 존재에 대해 무관심한 선생을 너 그렇게 감싸주고 위로하는 서연이의 넓은 마음이 더욱 부끄럽게 합니다.

'그래, 미안하다. 그동안 네가 누구인지도 모른 채 선생님 혼자 웃고 떠들었구나! 서연이가 누구인지, 하고 싶은 일은 무엇인지, 뭘 생각하면서 생활하는지, 어떤 어려움이 있는지, 고민은 무언지, 꿈은 무엇인지, 주변 사람들과의 관계는 어떤지, 좋아하는 것은 무엇이고 꺼려지는 것은 또 무엇인지… 너에게 한 번도 눈길을 준 적이 없었구나.'

서연이에게 정말 미안했습니다. 교사는 학생을 위한 존재라고, 존재 의미는 학생에게 있다고, 행함 없이 머리로만 학생을 위했고, 머리로만 학생을 위한 존재였고, 머리로만 학생을 위한 삶이었던 진솔함 없는 생활이 아이를 아프게 했습니다.

아이들에 대한 앎은 아이들에 대한 관심이고 사랑입니다. 아이들에 대한 관심과 사랑은 교육의 핵심이고, 본질이며, 교육의 시작입니다. 어떤 내용을 어떤 방법으로 교육하느냐보다 교실에 앉아 있는 아이들이 누구인지 아는 것이 더 중요합니다. 아이들의 이름을 부르고, 눈을 마주치고, 무슨 이야기든 함께 나누는 것이 아이들에겐 더 중요합니다. 아이들을 모르는 상태에서는 그 어떤 교육도 가능하지 않기 때문입니다.

교육은 아이들의 변화를 추구합니다. 아이들의 변화는 아이들에 대한 앎으로부터 시작됩니다. 아이의 이름조차 모르는 상태에서 아이에게 도움이 되는 존재가 될 수는 없는 일이지요. 아이를 모르는 채 어떻게 아이를 위한 교육이 가능할까요? 아이에 대한 무지는 교육에 대한 무지요, 교단에 대한 모독이라고 생각합니다.

교육은 아이를 아는 일로부터 시작됩니다. 아이는 교육의 시작이요, 끝입니다. 교육은 아이를 위한 아이들의 일입니다. 교육의 시작과 끝에 아이가 있습니다. 아이를 모른 채 행하는 교육은 결코 아이를 위한 교육일 수 없습니다. 누구인지도 모르는 아이들로 가득 찬 교실은 텅 빈 교실과 같습니다. 그곳에서 행해지는 교육은 교사 홀로 행하는 나 홀로 교육일 뿐입니다.

교사는 아이들과 자주 만나야 합니다. 자유롭게 얘기하는 기회를 만들어야 합니다. 교사는 아이들이 신뢰할 수 있는 사람이 되어야 합니다. 교육의 대상에 대한 정보 없이 이루어지는 교육은 해야 할 일이 무엇인지도 모른 채 작업장에 들어서는 노동자와 다르지 않습니다. 교사는 아이를 위한 방을 가슴에 마련해야 합니다.

아이의 아픔은
아이의 아픔일 뿐이다

　교사들의 입은 쉼이 없습니다. 말은 계속됩니다. 힘들다면서도 쉬는 시간엔 힘든 기색도 없습니다. 누가 누구에게 하는 말인지도 헷갈립니다. 서로의 말들이 이곳저곳에서 부딪히고 튕깁니다. 무성한 말에 비해 듣는 귀가 부족해서일까. 말들이 갈 길을 잃고 허공으로 흩어집니다. 그러다 일순간 침묵 모드로 접어듭니다. 침묵과 시끄러움이 몇 차례 반복하고 드디어 세상이 잠든 듯 고요함이 내려앉습니다.

　수업 종이 울리기 직전 교무실 문소리가 침묵을 깹니다. 모두의 시선을 받으며 쭈뼛쭈뼛 누군가 고개를 들이미는 모습이 보입니다. 서연이입니다.

"어, 서연이 웬일이니?"

누군가가 반깁니다. 그런데 서연이는 고개를 숙이고 다소 수척해진 모습으로 다음 시간 교과담당 선생님을 찾습니다.

"선생님!"

선생님을 부르는 소리가 평소와 다릅니다. 힘이 없습니다.

"왜?"
"저…."
"말을 해, 뭐?"
"저, 이번 시간에 보건실에 가서 좀 누워 있으면 안 될까요? 감기가 걸려 힘들어서요."
"안 돼."

단호한 선생님 반응에 서연이는 움찔합니다.

"이번 시간에 새로운 내용을 배워야 하는데 너, 따라올 수 있겠어? 좀 참아봐."

서연이는 무언가 할 말이 있는 듯 잠시 망설이다가 "얼른 가, 수업 시작이야."라는 선생님 말씀에 말을 삼키고 돌아섭니다. 돌아서는 서연이의 뒷모습이 떨립니다. 선생님의 말씀이 이해는 됩니다. 새로운 진도를 나가는 시간에 빠질 경우 좇아오기 쉽지 않고, 그것은 성적으로 이어지고, 그 성적이 등급을 결정짓고, 등급은 학교를 결정하고, 결국 대학이 삶의 모습을 만드는 세상이니 한 시간이라도 소홀히 할 수 없다는 말씀. 한 시간 참으면 성적이 바뀌고, 대학이 바뀌고, 삶이 달라질 수 있다는 말씀을 이해하지 못하는 것은 아닙니다.

허지만 서연이가 그런 현실을 모를까요? 자신이 앞으로 펼칠 삶의 시간표를 빈틈없이 촘촘하게 짜 놓고 생활하는 아이들인데요.

수업 시간이 얼마나 중요한지 아이들도 잘 압니다. 수업 시간에 빠질 경우 돌아올 불이익이 얼마나 큰지 모를 리 없습니다. 그럼에도 불구하고 쉬고 싶음을 호소할 때에는 그만한 아픔이 있어서 일 것입니다. 서연이는 한 시간 수업으로는 보상받을 수 없는 마음의 상처를 안게 되었습니다. 두려운 마음으로 교무실에 들어서고, 믿고 드린 말씀인데 보란 듯이 거절당했으니, 서연이의 마음에는 오랫동안 아물지 않을 상처가 생겼음에 틀림없습니다. 그러고 며칠 후, 서연이를 만났습니다.

"이젠 좀 나아졌니?"

"네, 선생님."

늘 그렇듯 씩씩하고 밝습니다.

"지난번에는 힘들었지?"

잠시 머뭇거립니다. 갑자기 웃음이 사라졌습니다. (괜히 물어보았나?) 서연이는 대답 대신 고개를 끄덕입니다.

쉼은 아이들의 권리입니다

아이들은 자신들에게 부여된 권리를 되찾기 위해 마치 벌을 받듯 교무실을 찾아야 합니다. 아이들에게 주어진 마땅한 권리임에도 학교가 제재하고 제도가 거절합니다. 당연한 권리를 요구할 때마다 "잠시만 기다려라. 조금만 참아라."라는 말만 기계음처럼 반복합니다.

'왜, 왕들은 자기 백성에 대하여 동정심을 가지지 않는가. 그들은 결코 백성이 되지 않는다고 생각하기 때문이다. 어째서 부자는 가난한 자에 대하여 그처럼 가혹하게 대하는가. 그것은 그들이 빈자가 될 염려가 없기 때문이다. 왜 귀족은 서민을 얕보는가. 그것은 그들이 결코 서민이 되지 않기 때문이다.' 루소(Rousseau)의 이 말은 동정심이 어디로부터 나오는지 잘 말해줍니다.

결코 백성이, 빈자가, 그리고 서민이 되지 않을 것이라는 왕이나 부자, 그리고 귀족과 같은 교사의 생각이 아이들에 대한 연민의 마음을 거둬들입니다. 아이들이 처한 처지를 헤아리기 위해서는 아이들과 같은 인간이 되어야 합니다. 교사라는 지위에 대한 차별적 특권을 버려야 아이들이 보입니다.

함께 아파하는 일, 고통을 나누는 일, 아픔에 공감하고 고통에 손 내미는 일, 수업보다 중요한 건 아이들이 기댈 수 있는 존재가 되는 일입니다. 교사는 언제든 아이들에게 어깨를 내어줄 수 있어야 합니다. 교사는 아이의 편안한 쉼터여야 합니다. 교사가 아이를 돕는 그 사소함으로 교사는 아이들에게 힘이 됩니다. 그리고 그 힘으로 아이들은 성장합니다.

4장

성적의
압박에서 벗어나기

남과 다른 성적 말고는 지은 죄도 없는 아이들이
고문을 당해야 하는 학교가 라면 머물고 싶은 학교가 될 수 있을까?
성적이 높은 아이는 정상이고
성적이 낮은 아이는 모욕해도 되는 비정상인가?
나는 누구인지, 어디로 가야 하는지
성적에게 묻고 답을 구해야 하는 것이 옳은가?

성적이 신분을
결정한다

"걔네요? 저하고는 달라요."

"응? 뭐가?"

"성적이 다르잖아요."

많은 아이들이 교사들의 차별을 이야기합니다. 그 기준을 물었
을 때 아이들은 이구동성으로 성적을 의심합니다. 성적이 나눔과
차별의 조건이라는 겁니다.

성적이 존재를 규정합니다

아이들은 성적으로 포장된 상품이 됩니다. 아이들은 성적으로

평가되고, 아이들의 생활공간도 성적이 정합니다. 어른의 시선이 높은 성적을 향하고 어른의 손길이 상품성 높은 것에 머무는 것이 그래서 당연한 일이 됩니다. 차별적 시선은 차별적 시대가 낳은 부조리한 시선입니다.

성적이 신분입니다. 성적이 인간을 규정합니다. 성적은 아이들의 능력을 평가한 결과입니다. 평가는 특정 분야의 일부 내용만을 대상으로 합니다. 평가의 대상이 되지 못하는 능력은 능력이 아닙니다. 있으나 없는 능력이 되고, 유능하나 무능한 존재가 됩니다.

아이들은 모두 다른 존재입니다. 그들의 능력 또한 제각각입니다. 능력의 다름은 매우 자연스러운 일입니다. 다른 것은 자연의 이치입니다. 자연스러운 현상을 차별의 구실로 삼는 일은 인종을 차별하고, 성을 차별하는 것만큼이나 비인간적이고 비도덕적이고 교육적이지도 못한 일입니다.

다름은 조화의 전제고 조화는 아름다움의 조건입니다. 다름의 조화를 통해 사회는 건강해집니다. 다양한 능력이 두루 얽히고설켜 조화를 이룰 때 능력은 빛을 발휘하고 사회는 번영합니다. 아무리 뛰어난 능력이라 할지라도 다른 능력의 협조 없이는 능력을 발휘할 수 없습니다. 하나의 존재는 다른 존재를 통해 존재의 의미를 지니게 됩니다.

능력을 선별하여 차별적 시선으로 바라보고 발휘할 기회를 박탈하는 것은 그 능력만을 해치는 것이 아닙니다. 그 능력과 어우러질 때 발휘될 수 있는 또 다른 능력마저 발휘될 기회를 빼앗는 일입니다. 하나의 능력을 차별해서 발휘할 기회를 주지 않으면 또 다른 능력이 발휘될 수 없고, 그 능력과 어울려야 할 또 다른 능력마저 주저앉히는 결과로 이어지게 마련입니다. 버림받은 하나의 능력은 도미노가 되어 또 다른 능력의 훼손으로 이어지게 됩니다.

이것이 모든 능력을 지지해야 하는 이유입니다. 뒤로 밀쳐두어도 좋을 능력은 없습니다. 교육은 아이들의 능력을 발굴하고 차별 없이 지지하는 일입니다. 서로 다른 능력들이 각자 그 독특함을 유지하고 더 크게 성장할 수 있도록 돕는 일입니다.

능력이 다양할수록 희망이 큰 겁니다. 모두가 획일적 능력을 지니고 있다면 그 사회는 희망이 없는 거지요. 그러므로 각자 지니고 있는 능력들을 숨김없이 끌어낼 수 있도록 자극하고 기회를 부여하고 모든 능력을 인정해주고 수용해야 합니다. 극히 협소한 분야의 능력만을 능력으로 인정하는 풍토에서는 다양한 능력들이 나올 수 없습니다.

"성적이 높은 아이들을 대하는 태도는 달라요. 선생님들은 성적이 높은 애들만 챙겨요. 상담도 더 자주, 더 많이 해주고, 각종 정보도 더 많이 주고, 기회도 더 많이 주고, 어쨌든 선생님 눈에 비친 아이들의 가치는 분명 달라요."

신분 사회는 하나일 것 같은 민족도 적대적인 모순 관계인 다양한 서열이나 등급으로 구성되어 있었듯이 학교도 성적의 높낮이로 등급이 나뉘고, 그것은 생활 조건을 결정짓는 근거가 됩니다. 기본적으로 같은 환경에서 공정하고 동등한 대우를 받아야 할 아이들을 자의적인 기준에 의해 서열을 매기고, 서열에 따라 불공정하게 대우하고, 특정 아이들을 교육적으로 분리하는 통제 행위는 분명 교육적이지 못한 일입니다.

성적을 확인하기 위한 평가 자체가 차별일 수 있습니다. 성적이 낮은 아이들에 대하여 형식상으로는 제한하거나 배제하고 거부하지 않지만, 성적이 높은 아이들과 같은 내용을 같은 기준으로 평가하면 성적이 낮은 아이들에게 당연히 불리한 결과가 나오게 마련이기 때문입니다. 이러한 평가는 마치 차별을 합리화하고 정당화하기 위한 제도적 장치처럼 여겨집니다.

학교에서는 국어, 영어, 수학 능력이 중시됩니다. 이러한 능력을 지니고 있지 못한 아이들이 낮은 성적을 얻는 것은 당연한 일입니다. 만일 그림 그리기, 달리기, 던지기, 만들기, 노래 부르기, 쓰기, 말하기, 판단하기, 설계하기 등의 내용으로 평가하면 그 결과는 달라질 겁니다. 특정 능력만을 평가하여 아이들을 나누는 것은 폭력입니다.

물론 차별은 어디에나 존재합니다. 그 어디서나 크고 작은 차별은 있게 마련입니다. 동물 세계에도, 식물 세계에도 있습니다. 알력

다툼이 존재하고 자기 영역에 들어온 낯선 개체를 차별합니다. 행악질을 하거나 죽어라 싸우는 경우도 있습니다. 그러나 지성과 이성을 지닌 인간은 달라야 합니다. 이 차별을 최대한 근절하려는 노력을 해야 합니다.

많은 아이들이 외부인으로 인정받지 못하고 무시당한다는 생각으로 생활합니다. 차별에 대한 염려는 개인과 집단을 구분하고 배제하며 멸시와 증오를 만들어내기 때문입니다. 뿐만 아니라 차별은 또 다른 차별을 낳습니다. 교사가 특정한 아이를 차별하면 차별받는다고 느끼는 아이는 교사를 차별합니다. 다른 교사와 다르게 생각하고, 다르게 대우합니다. 차별이 악순환 됩니다. 너무나도 당연하게 받아들였던 아이들의 모습, 당연하게 생각했던 아이들의 능력, 당연하게 여겼던 아이들의 꿈을 전혀 생각하지 못한 방식으로 색다르게 바라보는 시선, 그것이 차별적 시선입니다.

성적은 아이들이 지니고 있는 특질입니다. 아이들 나름의 특성을 보여주는 증표가 성적입니다. 아이마다 성적이 다른 것은 당연한 이치입니다. 성적은 아이의 발전 가능한 특유성을 따지고 성장 가능성과 방향을 가늠하기 위한 자료입니다. 결코 차별의 이유일 수는 없는 겁니다.

이제, '차별'이 아닌 '특유함'의 시선으로 바라보아야 합니다. '차별'은 공정성 결여가 빚은 폭력이지만 '특유함'은 '다름'을 의미합니다. 다른 아이들의 능력과는 다른 그 아이만의 특별한 능력을 또 다른 능력으로 인정해주어야 합니다. 그것은 삶에 대한 인정이고 인간임에 대한 증명입니다.

자신을 잃는 아이들

"자신(自信)이 없어요."

  서연이는 요즘 부쩍 걱정이 늘었습니다. 성적이 오르지 않아서입니다. 부모님이 바라시는 대학은 저 위에 있는데, 성적은 도저히 오를 기미를 보이지 않기 때문입니다. 그렇다고 열심히 하지 않는 것은 아닙니다. 나름 열심히 하는데 결과가 신통치 않습니다. 다른 애들 공부할 때 뭐했냐고 성적을 보실 때마다 야단하시지만 논 것도 아닌데…. 이젠 책을 덮고 싶습니다. 해도 안 되니 모든 것을 포기하고 싶습니다.

  얼마나 더 많은 대가를 지불해야 기쁨을 누릴 수 있을까요? 서연이는 자신(自信)이 없어지는 것은 물론 자신(自身)이 동시에 사라진다는 생각마저 듭니다. 사라져 가는 자신을 간신히 붙들어 앉히고 마음을 다독이고 다시 시작합니다. '해 보자.' 마음을 다집니다. 그러나 그 마음은, 독하게 다잡은 마음마저 봄눈 녹듯 흔적도 없이 금세 사라집니다. 이젠 정말 안 되나 봅니다.

서연이는 온갖 고통을 이겨내며 공부하느라 애를 썼습니다. 고통은 한시도 그냥 두지 않습니다. 괴로움과 아픔은 얼굴과 모양을 바꿔가며 끊임없이 괴롭혔습니다. 그러나 다른 사람들에게는 그 수고가 느껴지지 않습니다. 성적이 수고를 가리기 때문입니다. 부모나 교사의 기대에 미치지 못하는 성적은, 그간 겪은 어렵고 고된 일을 철저히 숨깁니다. 단지 공부할 시간에 '딴 짓' 한 것 아닌가 하는 의심만 갖게 할 뿐입니다. 성적은 졸지에 서연이를 자신의 삶에 대해 무책임한 존재로 만듭니다. 그리고 어른의 기대를 짓밟는 불성실한 존재가 됩니다.

시험은 학교생활에서 아이들이 가장 꺼리는 문제 중 하나입니다. 시험과 고통은 하나의 어원에서 파생한 단어처럼 여겨집니다. 아이들이 시험을 두려워하고 괴로운 일로 여기는 것은 그 뒤에 바로 성적과 등급이 있기 때문입니다. 이것이 시험이 불쾌하고 우울한 이유입니다.

성적이 삶을 대하는 마음가짐을 말해줍니다. 어른을 대하는 태도이기도 합니다. 어른들은 성적을 통해 아이들을 봅니다. 성적이 아이들을 바라보는 유일한 창입니다. 창에 비친 성적이 아이들의 전부입니다.

성적이 낮은 빈곤한 아이들에 대한 관심이 필요합니다. 부유한 아이들에게만 보이는 웃는 낯은 가난한 아이들에게는 상처가 됩니다. 교육은 가난한 이들에게 베푸는 복지입니다. 성적이 낮아 어려움을 겪는 아이들에게 더 많은 관심을 쏟는 것이 교육이 걸어야 할 길입니다. 성적이 만드는 빈부격차, 그리고 그것으로 인해 겪는 아이들의 고통을 외면한 채 부유한 아이들만을 향하는 것은 교육의 길을 벗어난 비인간적 행태입니다.

성적은 인권의 전제조건입니다. 학생으로서의 권리는 자연법에 따라 자연적으로 주어지는 것이 아닙니다. 학생의 인권은 성적에 따라 획득됩니다. 학생 인권이 성적에 따라 거래된다면 이미 교육일 수 없습니다. 교육은 아이들의 인권과 행복을 성장시키고 지키기 위한 인간의 존엄성 존중 행위이기 때문입니다.

성적이 낮은 아이들을 괴롭히는 건 어른, 부모와 교사의 손길로부터 멀어지는 겁니다. 아이들을 대하는 교사의 태도가 아무리 훌륭한 교육적 신념에서 나왔다 하더라도 아이들의 존엄성을 존중하는 태도인지 점검해 보아야 합니다. 어른들의 손길은 교육적으로 가난한 아이들을 향할 때 의미를 지닙니다.

교육은 부모와 교사, 그리고 아이의 관계에서 이루어지는 공적 활동입니다. 아이의 역할만 강조하는 것은 과도한 책임 전가 행위입니다. 함께 노력하고 결과 또한 함께 얻은 성과입니다. 하지만 많은 경우 아이에게만 성적의 책임을 묻습니다. 성적에 문제가 있다면 부모와 교사, 그리고 학생이 함께 져야 할 책임입니다. 꼭 아이만 져야 할 책임이 아닙니다. 성적에 대한 편견과 선입견에서 벗어나 공동 작업의 결과라는 사실을 인식할 필요가 있습니다. 성적이 높으면 부모의 헌신을, 학교의 도움을 이야기하면서 낮은 성적에 대해서는 책임을 회피하는 것은 어른으로서의 도리가 아닙니다.

아이에게 정작 필요한 것은 책임을 묻는 존재로서의 어른이 아니라 교육적이고 인간적이며 윤리적인 보호자로서의 부모, 그리고 교사입니다. 어른은 때로 대학에 대해서, 성적에 대해서 한마디 말도 하지 않고 무심해도 됩니다. 아이들에게 그들의 삶을 지지하고, 처진 어깨를 받쳐주고, 외로운 길에 동참하고 있는 모습을 보여주는 것만으로도 충분히 감동적일 수 있기 때문입니다.

그래야만 합니다. 성적만 보고, 당장 눈앞에 닥친 입시만을 이야기할 필요는 없습니다. 어른의 눈에 드는, 눈이 부시도록 화려하고 물질로 꾸며진 풍요로운 삶만을 이야기할 필요는 더더욱 없습니다. 아이의 아름다운 감성과 아이들이 주제로 삼고 살아가는 그들의 삶에 대한 이야기, 어른의 꿈이 아닌 아이들의 꿈 이야기도 가끔은 아주 가끔은 말거리가 되어야 합니다. 형제와 친구, 우정과 사랑, 노래와 영화…, 생활 속에서 늘 부딪히는 존재들과 단어들이 가끔은 일상을 정제해주기 때문입니다. 축 처진 마음에 힘을 주는 단비가 되기 때문입니다.

아이가 자신(自信)을 갖고 자신(自身)을 도닥일 수 있는 것은 어른이 있기에 가능합니다. 어른이 갖는 관심은 아이들의 마음 속 자신감을 퍼 올리는 마중물입니다.

아이들의 꿈은 이렇게
조용히 시들어간다

담임 교사에게 다녀온 서연이. 늘 밝던 얼굴에 웃음기가 사라지고 그림자가 짙게 드리워집니다. 서연이는 그대로 얼굴을 책상에 묻습니다. 어깨를 들썩입니다. 서러움이 복받치는 모양입니다. 그렇게 수십 분 서연이의 눈물은 계속됩니다.

진학 상담 결과 원하는 학교 진학이 어렵다는 이야기를 들었답니다. 성적은 아이들의 꿈을 깨끗하게 씻어냅니다. 웃음기도, 밝음도, 발랄함도, 의욕도, 가벼운 몸짓도 성적 앞에서는 힘없이 사라집니다. 꿈마저 깊은 어둠 속으로 밀어 넣습니다. 그리고 꿈이 있어야할 곳에 우울함이 자리 잡습니다.

서연이는 몹시 착잡한 모양입니다. 1년이라는 시간은 남았지만 서연이에게만 주어진 시간이 아니기에, 경쟁자들도 쉬지 않고 뛰는 시간이기에, 서연이의 마음은 무겁습니다. 책상에 엎드려 있는 서연이의 모습이 안타깝습니다. 가고 싶은 곳을 갈 수 없고, 하고 싶은 일을 할 수 없다는 사실이 살아야 할 의미를 다시 묻게 합니다.

꿈조차 마음껏 펼칠 수 없는 현실이, 꿈조차 성적의 눈치를 봐야 하는 현실이, 꿈조차 성적의 허락을 얻어야 하는 현실이, 성적이 허락하는 꿈, 성적이 허락하는 삶, 성적이 허락하는 길을 걸어야 하는 현실이, 현실이 아닌 꿈이길 바랍니다.

아이들은 낮은 목소리로 묻습니다.
국어가, 수학이, 영어가 꿈을 여는 열쇠냐고.
국어, 수학, 영어를 모르면 꿈을 접어야 하냐고.
국어, 수학, 영어 성적이 낮으면 꿈을 말할 수 없냐고.

아이들이 좋아서, 아이들의 일생 중 아이들의 어린 시절을 아이들과 함께하는 삶을 살고 싶은데, 그래서 아이들에 대해 알고, 아이들에게 도움을 줄 만한 것을 배우고 싶어 유아교육과를 가고 싶은데, 국어 등급이 낮다고, 수학 성적이 이게 뭐냐고 묻습니다. 영어를 몰라서 어떻게 아이들 앞에 서겠냐고 합니다.

국어가, 그리고 영어와 수학 풀이 능력이 아이들을 위한 유아 교사에게 그리 중요한 능력인지 묻고 싶습니다. 불필요한 앎이라는 의미는 아닙니다. 앞세울 조건인가 하는 겁니다. 아이들을 위한 일을 하고자 하는 사람이 갖추어야 할 우선 조건인지 묻는 겁니다. 국어와 영어, 그리고 수학 문제를 풀 수 있는 능력과 아이들을 위한 좋은 교사가 되는 것 사이에 어떤 관계가 있느냐는 겁니다.

아이들이 정말 좋은데, 아이들 생각만으로도 행복한데, 아이들과 평생 뒹굴며 생활하고 싶은 마음이 간절한데, 아이들 웃음도, 걸음걸이도, 울고불고, 부산스럽게 저지레하는 모습까지도 좋은데 영어가 수학이 국어가 아이들에게 가는 길을 가로막습니다.

국어 문제를 이해하고, 수학 문제를 풀고, 영어 지문을 해석하는 능력이 아이를 돌보는 따뜻한 손길보다, 아이를 대하는 따뜻한 사랑보다, 아이를 바라는 간절한 마음보다 중요합니다. 성적이 아이들 곁에 갈 수 있는 자격증입니다.

교사의 영어, 수학, 국어 능력이 아이를 성장시키는 힘일까요? 아이를 향한 교사의 사랑이, 따뜻한 마음이, 아이를 위한 고운 손길이, 아이를 바라보는 따뜻한 눈길이 아이를 성장케 하는 재료입니다. 아이를 성장시키는 힘은 국어 문제를 풀고, 수학 문제를 푸는 능력이 아닙니다. 아이의 마음을 이해하고, 아이의 웃음을 읽고, 아이의 울음에 공감하는 능력입니다. 아이들이 웃으며 다가설 수 있는 따뜻한 마음입니다.

아이의 입장에서 필요한 교사여야 합니다. 아이의 필요를 채워줄 교사여야 합니다. 아이들은 사랑을 필요로 합니다. 따뜻한 손길을 원합니다. 아이들에게 필요한 교사는 어른의 욕구를 만족시키는 높은 성적이 아닙니다. 아이의 욕구를 충족시키는 따뜻한 마음입니다.

십수 년 교문을 드나들고 수많은 책과 씨름했지만 좌절감만 되돌려주는 것은 아닌지 모를 일입니다. 서연이는 조금만 참고 견디면 아이들을 만날 수 있으리라 믿었던 '희망'과 결별하느라 몸살을 앓고 있습니다. 이 몸살, 이 아픔이 서연이의 몫일까요?

아이들의 꿈은 요란한 굉음을 내면서 무너지는 것이 아닙니다. 소리 없이 시드는 법입니다. 단단히 여문 꿈이 아니기에 그렇습니다. 조그만 소리에도 놀라고, 작은 바람에도 흔들리는, 아직은 연약한 꿈이기 때문입니다. 소박하지만 애정이 넘치는 꿈과 꿈에 대한 희망이 된서리를 맞고 있습니다. 하늘이 무너지고 땅이 솟는 절망 앞에 서 있습니다. 여물기도 전에 자신의 꿈을 자신의 손으로 지워야 하는 서연이의 손길이 떨립니다.

성적이 꿈을
선별한다

"근데, 저, 왜 이럴까요?"

시험 결과가 발표되고 얼마 지나지 않아 서연이가 찾아왔습니다. 그리고는 던진 첫마디입니다. 스스로를 이해할 수 없다는 듯 자신에게 실망한 빛이 역력합니다. 커다란 눈망울에는 자신에 대한 섭섭함과 답답함이 그득합니다.

"정말 열심히 했거든요. 교과서, 보충 교재, 수업 내용 꼼꼼히 챙겨보고…, 근데…."

미처 말을 잊지 못합니다. 어깨에 힘이 없습니다. 마음이 꽤나 무거운 모양입니다. 손에는 동그라미, 빗금으로 맞은 문제와 틀린 문제를 꼼꼼히 체크하고 분석한 문제지가 들려 있습니다.

"어디 문제지 좀 보자."

문제지를 내보이는 서연이의 손끝이 살며시 떨립니다. 무엇이 어떻게 잘못된 것인지 모르겠다면서 시험지를 쳐다보는 눈빛이 슬픕니다. 설명을 들으면서 연신 자신의 생각을 나무랍니다. 시험 볼 때에는 왜 그렇게 생각했는지 자신을 탓하기도 합니다. 시험이 아이들을 작아지게 합니다. 사고의 폭을 좁히기도 합니다. 생각이 부족한 존재라고 스스로 질책하기도 합니다. 할 줄 아는 것도 없고, 아는 것도 없는 미천한 존재로 규정짓기도 합니다.

생각을 자라게 하는 교육이 필요합니다. 그리고 그것은 자신을 성장시키는 교육이어야 합니다. 평가가 다른 사람의 생각을 외우고, 다른 사람의 삶의 궤적을 좇게 하느라 정작 자신을 잃게 하는 것은 아닌지 의문입니다.

아이들의 성숙한 정도와 성숙의 내용을 돌봐주는 방식의 평가가 필요합니다. 다른 사람의 정보에 대한 암기 정도가 아니라, 아이들 자신의 지적 성숙과 정서적 성숙 정도와 내용에 대한 어른들의 관심과 도움이 필요합니다.

한 줄로 세우기 위한 평가는 교육적이지도 인간적이지도 않은 일입니다. 평가는 철저히 한 아이 한 아이의 성숙 정도를 확인하고, 바른 방향으로 제대로 성장할 수 있도록 돕는 일이어야 합니다. 행여 성장을 가로막는 장애 요인은 있는지 확인하고, 있다면 찾아서 제거해주고 잘 자랄 수 있도록 도와주기 위한 장치가 평가입니다.

아이들을 기죽이고, 성장이 아니라 좌절감을 심어주고, 자신에 대한 칭찬보다 나무라고 꾸짖고 원망하게 만드는 평가는 시정되어야 합니다. 어디까지 자랐는지 스스로 재보고, 더 자라기 위해 좀 더 노력할 수 있도록 동기를 부여하고, 그 다음 또 재보고 부족한 부분을 스스로 챙기고, 스스로 보완하기 위해 노력할 수 있도록 도와야 합니다.

평가는 자신에 대해 희망을 갖게 하는 일이어야 합니다. 스스로 칭찬할 수 있는 계기가 되도록 해야 합니다. 얼마나 자랐는지 궁금해서 스스로 평가해볼 수 있는 마음을 갖도록 해주어야 합니다. 평가가 부담이 아니라, 자신의 성장이 스스로 대견하고 얼마나 자랐는지 궁금해 하고, 잘 자라고 있는지 스스로 확인해보고 싶도록 해주어야 합니다.

한 줄 세우기는 대다수 아이들에게 심한 모욕감을 줍니다. 자신에 대해 눈을 감게 합니다. 사회에 대한 관심도 거둡니다. 자신에 대한 관심도, 사회에 대한 관심도 멈추게 합니다. 사회가 어떻게 되든지 자신과는 무관한 일이라는 식의 삶을 펼치게 합니다.

고입, 대입이라는 관문이 아이들의 다양한 능력들을 오히려 사라지게 만듭니다. 입시에 맞추어서 이루어지는 중·고등학교 교육은 다양한 아이들의 능력을 획일화합니다. 교육이 능력을 향상시키는 일이어야 함에도 불구하고 오히려 능력을 사라지게 만듭니다.

아이들은 나름의 꿈이 있습니다. 그 꿈을 펼칠 수 있도록 지원해 주는 일이 교육입니다. 능력을 특정해서 그 능력을 지닌 아이들에게만 기회를 부여하는 식으로 아이들을 나누는 일은 없어져야 합니다.

장미만 꽃이 아닙니다. 그 누구의 눈길 하나 받지 못하는 길가에 핀 무명의 꽃들도 꽃입니다. 장미냐 들꽃이냐가 중요한 건 아닙니다. 어떤 꽃이든 활짝 피어나는 것들 속엔 사회를 아름답게 빛내는 색과 향이 들어 있다는 겁니다. 장미만으로 세상은 빛나지 않습니다. 기쁨과 희망을 주는 것도 아닙니다. 비록 사람들의 관심 밖에 있지만, 세상의 빛은 다양한 색과 향을 지닌 다양한 꽃들의 어울림 속에서 이루어지는 겁니다.

모든 꿈이 자랄 수 있도록 해주어야 합니다. 이것이 모든 아이들에게 교육의 기회를 주어야 하는 이유입니다. 특정한 능력이 없으니 너는 여기에서 교육 받을 자격이 없다는 식의 입시 제도는 아이들의 꿈을 짓밟는 일입니다. 어떤 꿈이든 펼칠 수 있는 기회를 주어야 합니다. 모든 아이들이 원하는 곳에서 원하는 교육을 받을 수 있도록 기회의 문이 열려 있어야 합니다.

자신들이 원하는 꿈을 이루기 위해서 어떤 능력을 갖추어야 하는지에 대한 정보만 제공해주면 됩니다. 그리고 사회는 아이들이 원하는 능력을 갖출 수 있도록 적극 지원해주어야 합니다.

한 두 문제에 대한 지식이 부족하다고 무능한 아이 취급하는 것은 교육적이지 못한 일입니다. 입시 문제 한 두 문제가 그 아이의 꿈을 펼치는 데 장애가 되는 일은 없어야 합니다. 원하는 모든 아이들에게 원하는 교육의 기회를 부여해야 합니다. 능력을 성장시킬 수 있는 기회를 주어야 합니다. 그리고 성장한 능력을 마음껏 펼칠 수 있는 사회적 여건을 만들어주어야 합니다.

사회 구성원 모두가 자신의 꿈을 펼쳐야 그 속에서 자연스럽게 경쟁이 이루어지고 협동도 이루어집니다. 그러면서 개인도 성장하고 더불어 사회도 성장합니다. 특정한 아이들에게만 꿈을 실현할 기회를 부여하는 일 자체가 아이들을 힘겹게 만듭니다.

뭘 먹고 살지
묻지 마라

성적이 나오는 날이면 아이들은 표정을 잃습니다. 교실은 금세 한숨으로 가득 찹니다. 정말 이 성적으로 무엇을 할 수 있을지 고민되기 때문입니다. 가고 싶은 대학 진학이 어렵습니다. 그렇다고 진학을 포기하고 취업한다는 것도 만만한 일이 아닙니다. 성적만 보면 어떻게 살아야할지 막막해 집니다.

"너, 이 성적으로… 아휴! 뭘, 어쩌려고 이러니? 먹고 살 수나 있겠니?"

성적표 뒤에 으레 따라 붙는 어른들의 요란한 훈수입니다. 그런데 뭘 해 먹고 살아야 하는지에 대한 고민이 10대 청소년들이 짊어져야 할 고민인지 묻지 않을 수 없습니다. 10대는 꿈을 꾸는 시기입니다. 10대는 자신들이 좋아하는 일을 찾고, 그 일을 통해 행복을 꾸려갈 꿈을 꾸고, 꿈을 가꾸어 가는 시기입니다. 꿈을 가꾸어 가는 시기에 '뭐해 먹고 살 거니?'라는 물음은 꿈을 멈추라는 명령입니다. 지금 당장 어른들이 펼쳐 놓은 세상에서 먹고 살 수 있는 방법이나 찾으라는 말이기도 합니다. 그것은 아이들을 어른들의 꿈속에 가두는 일입니다. 그리고 그것은 관심이 아니라 방기이고, 걱정이 아니라 힐난이고 질책입니다. 질문이 아니라 비난이고 인권 침해입니다.

어른들은 아이들이 마음껏 꿈을 펼칠 수 있도록 장을 마련해주어야 합니다. 아이들의 먹거리는 아이들의 꿈에서 나옵니다. 꿈의 성장과 성취가 아이들을 살립니다. 꿈은 아이들의 먹거리를 해결해줄 수 있는 자산입니다. 꿈이 꿈에 머물지 않고 삶으로 이어지도록 도와야 합니다.

아이들 시기는 이것저것 눈으로 보고, 귀로 들어보고, 입으로 맛보고, 코로 냄새 맡아보고, 손으로 발로 다양한 일들을 해보는 등 다양한 경험을 통해 좋아하는 일을 알아보고, 자신의 능력을 찾아 신장시키는 시기입니다.

학교는 아이들의 감각을 깨우는 곳이어야 합니다. 감각을 깨울 수 있는 시설을 갖추어야 합니다. 그리고 아이들에게는 자신이 좋아하고 하고 싶은 일들을 거리낌 없이 마음껏 펼칠 수 있는 기회가 주어져야 합니다. 이 능력을 기른들 먹고 살 수는 있을까 걱정이 돼서 아이들이 자신의 흥미를 버리고, 좋아하는 일도 접어놓고, 잘 할 수 있는 일을 뒤로 미룬 채, 이것을 해야만 먹고 살 수 있다는 어른들의 말만 믿고, 어른들이 이야기하는 길로 들어서게 하는 일은 없어야 합니다.

아이들은 흥미와 관심과 능력을 마음껏 키울 수 있어야 합니다. 키워진 능력은 어른들이 장만해놓은 일터에서 마음껏 발휘하면 됩니다. 어른들은 아이들이 자신의 능력을 발휘할 수 있는 터전을 마련해주어야 합니다. 아이들의 요구에 응하는 일이 어른의 역할입니다. 물론 이 과정에서 아이들과 충분한 이야기가 필요합니다. 어느 한쪽의 일방적인 요구에 어느 한쪽이 응하는 방식은 옳지 않습니다.

먹고 사는 문제는 아이의 걱정거리가 아닙니다. 아이는 자신의 능력을 성실하게 신장시키고 어른은 아이들이 키워놓은 능력을 발휘할 수 있는 기회를 마련해주어야 합니다. 아이의 능력이 무엇이든 어른은 외면하지 말아야 합니다. 어떤 능력이든 활용할 수 있도록 도와야 합니다. 버려지는 능력이 있어서는 안 됩니다. 능력을 방치하는 것은 존엄성에 대한 방치고, 그것은 한 아이를 버리는 일입니다.

세상이 요구하는 능력을 나열해놓고 갖출 것을 요구하는 것이 아니라, 아이의 능력을 고려해서 아이의 능력을 활용할 방안을 마련하는 것이 순서입니다. 아이의 능력에 맞추어야 한다는 말입니다. 아이에게 세상에 맞추라고 요구하지 말고, 아이의 흥미와 능력과 관심을 세상에 쏟아낼 수 있도록 여건을 마련해주는 것이 어른들이 해야 할 일입니다.

따라서 아이에게 뭘 해 먹고 살지를 묻고, 지금 너의 능력으로는 먹고 살 길이 없다는 식의 협박을 하기 전에, 관심 있는 내용은 무엇인지, 무엇을 하고 싶고 할 수 있는지를 먼저 물어야 합니다. 그리고 아이의 관심과 흥미와 능력을 발휘할 수 있는 기회를 만들어주어야 합니다. 아이의 관심과 생각과 흥미와 능력이 세상을 변화시킵니다.

진정으로 아이의 먹고 사는 문제가 걱정된다면 묶지 말고 풀어주어야 합니다. 어른의 가치관 속에 묶어놓은 아이들의 손과 발, 그리고 그들의 모든 능력들을 말입니다.

성적에 포박당한
아이들

"이젠 무뎌질 때도 되었는데 여전히 성적만 생각하면 머리가 지끈거려요. 요즘처럼 우울했던 적이 없었던 것 같아요. 아무것도 하고 싶지 않아요. 정말 이러다 무슨 일이 일어날까 두려워요."

민준이는 최선을 다하고 그래도 안 되면 어쩔 수 없는 일이라고 스스로 다짐하면서도 책만 보면 펼치기도 전부터 떨리고 두렵다면서 고개를 떨굽니다. 마치 큰 죄라도 지은 것 같습니다. 성적표는 아이들의 죄목입니다. 만점이 무죄라면 줄어든 만큼이 아이들이 저지른 죄가 됩니다. 적힌 점수는 지은 죄의 양이 됩니다. 시험을 치를 때마다 죄목은 늘어갑니다. 아이들은 점점 중죄인이 되어갑니다. 그리고 그 죄목은 몸과 마음에 소상히 기록됩니다. 성적에 따라 아이들이 받아야 할 형량이 정해지고, 아이들 가슴 속에 새겨진 죄목은 아이들의 삶에서 평생 지워지지 않는 주홍글씨로 남습니다.

아이들은 자신의 처지를 근심어린 눈으로 바라봅니다. 자신의 삶이 어떻게 전개될지 걱정합니다. 그리고 어찌 해줄 수 없는 자신의 무기력함에 스스로를 원망하고 탓합니다.

아이들은 묻고 싶습니다. "낮은 성적이 정말 이렇게 비인간적 대우를 받아도 좋을 만큼 큰 잘못인가요?" 시도 때도 없이 쏟아지는 부모님과 선생님의 잔소리, 그리고 이 사람 저 사람 끌어와 비교하는 대질심문에 아이들은 지쳐갑니다.

언제부턴가 아이들에게 내일은 기다려지는 미래가 아닙니다. 괴로움 없이 내일을 맞이할 자신이 없습니다. 아이들은 자신이 꿈꾸는 내일이 상상적 허구이고, 달콤한 환상일 뿐임에 절망합니다. 멋진 앞날을 기대하면서 희망으로 내일을 기다리고, 기쁨으로 나날을 보내야 할 청소년들이 안고 살기엔 어울리지 않는 근심이고, 걱정이고, 아픔입니다.

아이들에게 무서운 건 총이나 칼이 아닙니다. 바로 성적입니다. 성적이 아이들의 삶을 무겁게 짓누릅니다. 성적이 삶을 힘겹게 합니다. 어른들은 성적이 낮은 아이들에게 유독 가혹합니다. 낮은 성적은 차별과 멸시, 무관심을 부릅니다. 무시라는 단어와 만나는 것은 필연입니다. 성적이 낮은 아이들의 현실은 참혹합니다. 성적은 참혹한 현실로부터 벗어나는 유일한 창구입니다.

문제는 학생들의 성적이 모두 높지 않다는 데 있습니다. 아무리 공부해도 성적이 크게 향상되지 않는 성적 빈곤층이 있게 마련입니다. 모든 아이들이 어른들이 원하는 능력을 지니지 못하는 것은 당연합니다. 없는 것을 찾을 수는 없는 일입니다. 아이들의 두려움은 바로 이 지점에서 생겨납니다.

아이들은 모두 어른들이 원하는 능력을 갖고 싶습니다. 그러나 그럴 수 없다는 데 문제가 있습니다. 무슨 능력이든 노력만 하면 얻을 수 있는 것은 아닙니다. 노력만으로 얻는 데는 한계가 있기 마련입니다. 아이들이 절망하고, 실망하고, 스스로를 포기하고, 자신을 돌아보지 않는 것은 어찌 보면 당연합니다.

성적이 낮은 것은, 능력이 부족한 것은, 게으른 탓만도 아니고 불성실해서만도 아닙니다. 불량해서는 더더욱 아닙니다. 열심히 하지만 낮은 것이고, 부족한 겁니다. 그들에게는 사회가 요구하는 능력이 부족할 뿐입니다. 대신 그들은 다른 분야의 능력을 가지고 있습니다.

어른들은 이들이 지닌 다른 능력에 대해서는 눈을 감고 관심을 주지 않습니다. 그래서 이들의 학교 성적은 낮고, 능력이 부족한 겁니다. 중국 묘족(苗族)에 '흔한 풀은 흔한 곳에 있고 귀한 풀은 귀한 곳에 있다.'라는 속담이 전해진답니다. 그리고 '흔한 풀은 흔한 곳에 쓰이고, 귀한 풀은 귀한 곳에 쓰인다.'라는 말도 있다는군요. 아이들은 모두 귀하고 또 귀한 존재들입니다. 귀한 아이들이 품고 있는 능력 또한 귀하게 쓰일 귀한 능력임에 틀림없습니다. 하찮게 치부할 수 없는 이유입니다.

아이들의 능력에 대한 배려 없이 무조건 어른이 원하는 능력을 갖추라는 요구는 아이들이 지닌 능력에 대한 무시이고, 아이들 삶에 대한 부정이며, 사회 구성원으로서의 지위를 부여하지 않겠다는 선언입니다.

어른들의 욕망은 잔인합니다. 어른들은 성적이 낮은 아이들의 삶에는 관심이 없습니다. 이것이 성적이 낮은 아이들의 삶이 처참한 이유입니다. 성적이 낮은 아이들의 삶에 대해서는 그 누구도, 그어떤 이야기도 하지 않습니다. 어른들의 마음에는 낮은 성적의 아이들에 대한 관심이 들어앉을 공간이 없습니다. 높은 성적을 향한 욕망으로 가득 차 있기 때문입니다.

높은 성적을 향한 어른의 욕망이 낮은 성적을 지닌 아이들을 향한 마음까지 통째로 집어 삼킵니다. 성적을 향한 어른들의 욕망의 끝이 어디인지 무섭습니다.

사회는 성적이 높은 아이들을 위한 자리만 마련해놓고 있습니다. 성적이 낮은 아이들은 사회적 소수자입니다. 소외의 대상입니다. 사회는 온통 성적 높은 아이들을 걱정하느라 바쁩니다. 그들을 어떻게 도울까만 신경을 씁니다. 성적이 높은 아이들의 삶만 챙깁니다. 성적이 낮은 아이들에게 기울일 관심은 없습니다. 관심을 기대하는 것 자체가 사치입니다.

사회는 모든 아이들이 자신들이 가지고 있는 능력을 주체적으로 발휘하면서 능동적으로 자신의 삶을 펼쳐나갈 수 있도록 기회를 주어야 합니다. 사회를 위한 수단적 존재로의 삶을 강요할 것이 아니라, 스스로 주인으로서의 삶을 살아갈 수 있도록 여건을 조성해 주어야 합니다.

아이들의 능력에 대한 신뢰가 필요합니다. 아이들이 지니고 있는 다양한 능력에 관심을 기울여야 합니다. 그리고 그 능력들을 잘 기를 수 있도록 기회를 부여하고 발휘할 기회를 제공해야 합니다. 어른들의 입맛에 맞는 능력만을 추려서 눈길을 주고 관심을 기울이는 편파적 시각은, 개인적으로는 개인의 성장 가능성을 잃는 일이고, 사회적으로는 사회 발전의 기회를 스스로 저버리는 일입니다. 서로에 대한 관심과 애정, 그리고 상호 인정이야말로 인간 사회가 작동하는 근본 원리임을 기억해야 합니다.

5장

학교의
구속에서 벗어나기

같은 시간, 같은 장소, 같은 내용, 같은 교사, 같은 방법, 같은 생각···,
다름이 인정되지 않는 교육 현실에서 자신의 색과 향을 발할 수 있을까?
같은 틀 안에서 다른 아이가 가능할까?
아이들이 학교가 그리고 교육이 왜 그토록 숭고하고 위대한지 모르는 이유는
한 번도 학교에 감동받은 적이 없기 때문은 아닐까?

학교는
왜 자유를 거부할까

"서연이, 무슨 일이라도 있니? 일찍 가네."

5교시가 끝나고 6교시가 시작될 즈음, 책가방을 둘러멘 서연이를 만났습니다. 그 시간에 가방을 멘 아이를 보는 건 낯선 일입니다. 수업 종료 전에 하교하는 일은 좀처럼 없기 때문입니다.

"네, 이가 아파서 치과에 가려고요."
"응, 그래. 많이 불편하겠구나. 좀 일찍 가지 그랬니?"
"한 시간이라도 더 하고 가려고요."
"그랬구나. 그럼, 치료 잘 받아라."

그런데 표정이 밝습니다. 병원에 가는 일이 뭐 그리 좋다고 표정이 밝을까.

자유를 거부하는 학교

학교는 자유를 싫어합니다. 아이들이 자유롭게 나다니는 것을 썩 좋아하지 않습니다. 어떤 이유를 대서라도 아이들의 움직임을 제한하려 합니다. 자기의 시간과 몸을 마음대로 사용할 수 없는 공간이 학교입니다. 서연이의 밝음은 감금되었던 시간을 되찾은 것에 대한 기쁨의 표현은 아닐까 싶습니다. 촘촘하게 짜인 학교생활에서 벗어나는 것은 즐거운 일입니다. 서연이의 표정은 하늘을 날 것 같습니다. 학교가 얼마나 아이들을 옥죄고 있는지 서연이는 몸으로 말하고 있습니다.

매일 아침, 아이들은 몸에 충격을 주는 인공적인 기계음에 의해 평온한 잠에서 깨어납니다. 학교가 일방적으로 짜준 시간표에 따라 밥을 먹, 혹은 굶고, 책가방을 둘러메고 걷거나 등교 버스를 타고 등교를 하고, 일곱 혹은 여덟 시간 수업을 받고, 자습을 하고 등굣길을 되돌아 하교합니다. 중간에 몸이 아프거나 심신이 지쳐 쉬고 싶어도 집에 가서 편히 휴식을 취하지 못하고 교실 의자에 의지해야 합니다. 시간표에 휴식 시간이 마련되어 있지 않기 때문입니다. 시간표는 아이들의 휴식을 허락하지 않습니다.

학교는 친절합니다. 그러나 과함이 문제입니다. 어떻게 사는 것이 잘 사는 것인지, 무엇이 중요하고 중요하지 않은지, 해서는 안 되는 일은 무엇이고, 무엇은 반드시 해야 하는지 세세한 부분까지 꼼꼼히 챙깁니다. 부담이 된다면 엄살일까요? 친절한 학교, 학교의 친절은 아이들에게 과한 부담으로 다가옵니다.

학교는 아이들의 시간까지 일일이 들여다봅니다. 그리고 시간마다 과제를 부여하고 엄격하게 규제합니다. 등교 시간부터 하교 시간까지 정확하게 정해져 있습니다. 휴식 시간이나 점심시간, 교육 활동을 위해 이리저리 옮겨 다니는 시간까지 틀 안에서 움직입니다. 이러한 친절 속에서 아이들의 몸과 마음은 지칩니다. 그리고 시간의 자유는 흔적도 없이 사라집니다.

모든 아이들은 학교 시간표에 복종하는 법을 익히기라도 하듯 시간표에 따른 생활에 익숙해져 갑니다. 시간표는 강력한 힘으로 아이들의 일상을 통제합니다. 어쩌다 아이들은 이렇게 시간의 횡포에 시달리게 되었을까요? 자유는 성장을 위한 에너지입니다. 과한 친절은 거북하고 괴로운 일입니다. 그것은 통제입니다. 통제는 성장을 제한하고 성장을 규정합니다. 네모진 틀 안에서 기른 네모 난 수박 꼴인 거지요. 그것은 생명이 지닌 본질을 훼손하는 일입니다.

아이들은 이렇게 길들여져 갑니다. 위협과 협박에 익숙해져 갑니다. 그리고 그러한 아이들로 성장합니다. 협박과 위협이 통용되는 사회는 세습됩니다. 반칙이 통용되고 반칙이 원칙으로 자리 잡는 사회가 영글어 갑니다.

소를 순조롭게 잘 다루기 위해 소의 코를 뚫어 코에 끼우는 둥근 나무 테를 쇠코뚜레라고 합니다. 소는 힘이 세고 고집이 세서 말을 잘 듣지 않기 때문에 이러한 소를 제압하기 위해 고안한 도구입니다. 코뚜레를 꿰어 잡아당기면 아프기 때문에 어쩔 수 없이 순종하게 된다는군요. 사람이 소를 쉽게 다루고자 고안한 통제 수단입니다.

생활기록부에 쇠코뚜레가 오버랩 되는 것은 왜일까요? 아이의 손을 놓을 때 아이는 자신의 힘으로 걷습니다. 아이의 눈으로 보고, 아이의 귀로 들을 수 있도록 어른의 눈과 귀를 거두어야 합니다. 아이들이 스스로의 힘으로 자신을 키워갈 수 있도록 한 발짝 뒤로 물러서야 합니다.

교육은 자유의 양을 확대하는 일입니다. 교육은 보다 자유로운 삶을 위한 사회적 조력 장치입니다. 자유롭게 사고하고, 자유롭게 활동하고, 자유롭게 학습하고, 자유롭게 이야기하고, 자유롭게 웃고 떠들 수 있는 시간을 보장해주어야 합니다. 시간표를 정해두고, 움직임을 제한하고, 활동 공간과 활동 내용을 지정하여 통제하는 것은 자유의 구속이고, 아이의 성장에 장애며, 교육에 대한 횡포입니다.

아이의 삶은 아이의 몫입니다. 아이 혼자 가야 하는 길입니다. 홀로 걷는 길을 바라보는 것 그것은 어른이 내야 할 용기입니다. 지금 자신들이 걸어야 할 길 위에 서 있는 아이들에게 그러한 용기로 다가서야 합니다. 그것이 아이들에게 베푸는 어른의 사랑입니다.

학교와의
거리

"어휴, 첫 시간부터 퍼져 자는 놈이 있어! 1년을 얘들하고 어떻게 지내야 할지 답답하네."

3월, 새 학기가 시작한 첫날 들뜬 마음으로 수업을 다녀온 선생님의 걱정 어린 푸념입니다.

"점점 더 심해지는 것 같아. 작년과는 또 달라!"

자리에 앉지도 않은 채 선생님의 넋두리는 계속됩니다. 수십 년, 수많은 아이들을 경험한 선생님의 눈에 비친 오늘의 아이들은 달라도 너무 다릅니다. 예전 같으면 생각할 수 없는 아이들의 태도에

깜짝깜짝 놀랄 때가 한두 번이 아닙니다. 세월이 변했으니 그러려니 하면서도 인내에 한계를 느낍니다. 그냥 가슴을 꾹꾹 누르고 또 누를 뿐 뭔가 뾰족한 대안이 없습니다.

그런데 가만 생각해 보면 선생님만 힘겨워진 것은 아닙니다. 아이들도 예전의 아이들보다 학교생활이 더 어렵습니다. 우선 과제 양부터 다릅니다. 요즘 아이들은 전보다 훨씬 많은 양의 과제를 해결해야 합니다. 어른들의 요구 사항이 훨씬 늘었습니다. 그리고 하루가 다르게 점점 늘어납니다. 갖추어야 할 스펙도 어마어마합니다.

지쳐 쓰러지는 아이들이 이해가 됩니다. 맹자는 생활이 편안하고 안정되지 않으면 바른 마음을 갖추기가 어렵다고 말합니다. 아이들의 마음은 늘 고달픕니다. 편안한 날이 없습니다. 아이들에게 바른 마음 운운하는 것은 무리한 요구일 수 있겠다는 생각도 그래서 용납됩니다. 교사들의 걱정은 고달픈 마음으로 하루하루 버티는 아이들이 토해내는 고통의 산물입니다. 고통스러운 삶이 빚어낸 아이들의 행태가 교사들의 심기를 불편하게 만듭니다.

아이들도 웃고 싶습니다. 웃음이 그립습니다. 웃음으로 친구와 어울리고, 선생님을 만나고 싶습니다. 환하고 맑고 밝은 모습으로 부모님을 대하고 싶습니다. 그러나 마음처럼 쉽지 않습니다. 가슴을 짓누르는 과제가 아이들의 웃음마저 짓누르고 있기 때문입니다.

아이들은 피로합니다. 가정도, 학교도, 관계도, 그리고 자아마저 피로에 찌들어 있습니다. 피로 가정, 피로 학교입니다. 친구와 선생님, 그리고 가족과의 관계마저 피로합니다. 아이들이 아프고, 피로에 지친 것은 어깨를 짓누르는 과중한 과제 때문입니다. 과한 과제가 웃음을 빼앗고 생기를 잃게 만듭니다.

아이들 시선에서 학교는 어떻게 보일는지 생각해 보아야 합니다. 아이들이 학교를 왜 찾았을까요? 아이들이 기대했던 학교의 모습일지 살펴야 합니다. 학교에 온 이유는 무엇일까요? 학교가 그들의 기대에 부응하고 있는지 돌아봐야 합니다. 지금의 학교는 가보고 싶고, 또 가고 싶은 곳인지 고민해야 합니다.

짓누르고 있으면서, 자빠뜨려 놓고서, 버티기 힘든 짐을 지워놓고서 왜 누워 있냐고 타박하면 아이들은 어이를 상실합니다. 불손무도하고, 인간미를 느낄 수 없고, 무례하고, 못마땅한 아이들의 태도는 고통에 대한 호소이며, 하루하루 고통으로 점철되는 학교에 대한 고발입니다. 아이들이 겪는 스트레스, 불안감, 걱정, 두려움, 고통의 끝은 있기나 한 것인지 모르겠습니다. 어찌 학교생활이 이토록 어렵고 힘겨울까요. 교사나 아이들이 서로의 피로를 풀 수 있는 공동체를 위해 누가 무엇을 어떻게 해야 할까요?

자신을
숨기는 아이

"학교에만 오면 저는 저를 감춰요. 제 모습을 있는 그대로 드러내면 저는 금세 관심 학생이 될 수도 있을 테니까요. 싫어도 좋아해야 하고, 슬퍼도 웃어야 돼요. 불만을 표출한다는 것은 상상조차 힘든 일이지요."

아이들은 스스로 자신의 감정을 다스리는 법을 터득합니다. 어른은 삶의 본질인 감정조차 허락하질 않습니다. 아이들의 감정은 외부로부터 강요된 규칙을 준수하여 필요한 감정을 필요한 만큼만 드러냅니다. 아이들은 교문을 들어서는 순간 가면을 씁니다. 자신의 본 모습을 숨기기 위해서입니다. 교사에게 잘 보이기 위한 가면이지요. 가면을 쓰는 것은 교사들의 환심을 사고 호감을 얻기 위한 아이들의 본능적 몸짓입니다. 그렇기에 아이들은 교사들을 대할 때마다 그 교사의 입맛에 맞는 새 가면으로 바꿔 씁니다. 빠르고 민첩합니다. 본 모습을 들키기라도 하는 날이면 '어휴!' 생각만으로도 머리가 어찔합니다. 아이들의 손길이 바쁘고 마음이 급할 수밖에 없습니다.

"슬퍼도, 싫어도, 우울해도, 짜증나고 화가 나도 제가 쓴 가면은 늘 웃고 있어요."

아이들은 자신이 쓴 웃는 가면을 볼 때마다 슬픔은 더해지고 가슴은 더욱 아려옵니다. 이것은 감정 폭력입니다. 왜 이래야 하는지, 슬퍼도 슬퍼할 수 없고, 짜증나도 짜증 낼 수 없고…, 왜 항상 웃어야 하는지, 기쁨에 겨운 삶인 척해야 하는지 아이들은 묻고 또 묻습니다.

가면 속 웃음은 고통으로부터 자신을 지키려는 아이들의 본능이 고안한 기획된 억지웃음입니다. 웃음이 웃음이 아니고, 기쁨이 기쁨일 수 없습니다. 단순히 눈앞에서 펼쳐지는 호통을 피하고 화를 면하기 위한 고통 회피의 수단일 뿐입니다.

아이들에게 교사와 부모, 그리고 많은 어른들은 공포의 대상입니다. 몸을 숨기고 숨소리조차 참으며 웅크리고 그들이 지나가기를 기다려야 하는 존재입니다. 아이들에게 비친 어른은 결코 아이들을 위한 존재가 아닙니다. 아이들을 해하는 존재일 뿐입니다. 그들의 눈에 띄지 않는 것이 최선이라는 아이들의 생각은 오랜 경험을 통해 아이들이 체득한 삶의 지혜입니다.

방법은 숨는 겁니다. 가면은 스스로를 감추기 위해 아이들이 눈물과 아픔으로 짜고, 엮고, 슬픔으로 단장한 고통의 장치입니다. 어른의 입맛에 맞는 표정을 지닌 가면을 쓰는 것이 자신을 숨기는 방법입니다. 어른을 기쁘게 해줄 수 있는 가면을 쓰는 것이 그들로부터 숨는 방법입니다. 자신의 모습을 숨긴 가면을 쓰고, 마치 자신의 본 모습인양 어른을 속이는 겁니다. 가면을 보는 어른들은 만족해합니다.

자신의 가면을 보고 만족해하는 어른의 모습은 아이들에게는 부담이 됩니다. 어른 앞에 나설 때마다 자신의 본 모습을 감추고 어른이 좋아하는 똑같은 가면을 써야 하기 때문입니다. 자신을 철저히 숨겨야 하기 때문입니다. 존재하지 않는 자신의 삶을 살아야 하기 때문입니다. 자신을 숨기고 안전을 지키기 위한 가면이 늘 써야 하는 가면이 될 때 아이들은 정체성의 혼란을 겪게 됩니다. 스스로의 안전을 지키기 위해 쓴 가면이 자신을 잃어버리는 결과로 이어집니다. 가면을 오래 쓰면 쓸수록 자신의 본 모습은 사라지고 자신이 아닌 자신이 만들어집니다.

물론 모든 사람들은 사회인으로 살아갈 때 가면을 착용합니다. 누구든 상황마다 상황에 맞는 가면을 사용하게 마련입니다. 가면을 착용하고 생활하는 것이 편안하기 때문입니다. 문제는 가면과 동일시하게 되는 것입니다. 가면에 자신이 갇혀버릴 위험이 있다는 겁니다. 가면은 정신적인 건강을 좌우합니다.

아이들은 가면을 벗었을 때 가면 뒤에 감추어져 있던 자신의 진짜 모습이 드러날까 두려워합니다. 가면은 만들어진 이미지입니다. 꾸며진 이미지입니다. 자신의 참 모습을 감추기 위한 순간의 술책이기도 합니다. 만들어진 자신, 만들어진 인격, 만들어진 감정, 만들어진 표정입니다.

가면은 속이는 일입니다. 자신을 속이고 타인을 속입니다. 아이들이 쓰는 가면은 교사들에게 잘 보이기 위해 꾸며진 자신입니다. 교사의 환심을 사고 호감을 얻기 위한 본능적인 몸짓입니다. 오랜 세월 가면을 쓴 생활은 아이들을 그들로부터 소외시키는 일입니다. 아이들은 자신조차 낯설게 느끼게 됩니다. 아이들이 참 자신을 당당히 드러내고 참 자신의 모습으로 당당히 살아갈 수 있도록 도와야 합니다.

아이들이 가면을 쓰는 것은 특정한 모습만을 요구하는 어른들의 비뚤어진 욕심 때문입니다. 어른의 욕심이 아이들이 스스로를 버리게 합니다. 더욱 넓고 두터운 가면 속으로 숨어들게 합니다.

멀고 먼
교무실

"왜? 무슨 일이니?"

교무실 앞에서 몇몇 아이들이 서성입니다.

"선생님을 뵈러 왔어요."

그런데 선뜻 교무실에 들어설 용기가 나질 않는답니다. 또 무슨 야단을 맞을지 걱정이 돼서라네요. "말할 새도 없이 화부터 내시는 선생님이 계세요." 어쩌다 상황 설명을 하면 그게 말이 되냐면서 화를 낸답니다. 아이들이 서로의 등을 밀면서 먼저 들어갈 것을 채근하는 이유를 알 것 같습니다.

교사와 화, 야단, 나무람 등이 연결되는 이유는 무엇일까요? 아무리 학생을 배려하고 학생을 중심에 둔 교육이 이루어지는 시대라 해도 기존의 교사 중심적 교육체제의 습성들이 여전히 남아 있기 때문입니다. 교사들의 말은 정답입니다. 그들의 생각만이 옳습니다. 아이들의 말과 생각이 화를 돋우는 이유입니다.

'척하기.' 아이들이 두려움을 극복하는 방법입니다. 교사와 같은 것을 좋아하고, 같은 것을 싫어하는 척하면 됩니다. 도무지 이해할 수 없는 말이지만 이해한 척, 알아들을 수도 의미도 없는 말이지만 감동받은 척, 보고도 못 본 척, 충고라도 들으면 비장한 척, 진지한 척, 교사의 생각에 동조하고 고개를 끄덕이기만 하면 됩니다. '아님'을 드러내는 것은 자해 행위입니다.

아이들 생각에 귀 기울이지 않는 것은 아이들을 사고의 노예로 만드는 일입니다. 교사의 목소리가 커지면 커질수록 아이들의 사고는 교사의 사고로, 개인적 감정 또한 교사의 감정으로 교체됩니다. 그리고 아이들은 점차 교사로부터 멀어집니다.

이제 교사가 아이들을 찾아 나서면 어떨까요? 아이들이 교무실 앞을 서성이는 것이 아니라, 아이들의 필요와 요구를 찾아 교사가 아이들을 찾아가는 것은 어떤지요? 교무실에만 머무는 교사가 아니라 교실 속으로 들어가야 합니다. 아이가 있는 곳에는 어디든 교사가 있어야 합니다. 아이들이 학교를 찾은 이유는 교사가 있기 때문입니다. 교사를 만나기 위해 매일매일 전쟁을 치르듯 학교를 찾는 겁니다.

교사를 필요로 하는 시간, 필요로 하는 곳이라면 언제든, 어디든 달려가야 합니다. 아이들이 그들의 이야기를 할 때까지 기다리는 것이 아니라, 언제든 자유롭게 이야기할 수 있도록 교사들은 물리적이고 심리적인 환경을 제공해야 합니다.

아이들 곁으로 다가서는 일, 그것이 교육입니다. 농작물은 농부의 발소리를 듣고 자란다는 말이 있습니다. 교사들의 발소리가 아이들에겐 성장의 동력이 됩니다. 교사의 손길이 힘이 되고 교사의 한마디 말이 잃었던 웃음을 회복시킵니다.

교사들의 말만 들리는 교실은 죽은 교실입니다. 아이들이 학교를 찾는 이유는 그들의 필요와 요구를 채우기 위함입니다. 그러나 교사의 요구만 난무하다면 어떨까요? 아이들은 자신들의 필요가 아닌, 오히려 교사의 요구를 채워주는 일에 동원되어야 한다면 어떨까요?

교육은 아이들의 필요를 듣는 일입니다. 그리고 충족시켜주어야 하는 일입니다. 어떤 요구든지, 어떤 필요든지 언제든지 마음껏 이야기할 수 있도록 기회를 주어야 하고, 교사들은 가감 없이 들어야 합니다. 그리고 그들의 요구에 응해야 합니다.

아이들 소리는 판단의 대상이 아닙니다. 옳고 그름이나 좋고 나쁨에 대한 판단의 잣대가 교사의 생각이 될 때 아이들은 입을 닫습니다. 교사의 생각은 아이들이 입을 여는 데 커다란 장애가 됩니다. 그리고 아이들은 자신의 필요가 아니라 판단자인 교사의 생각에 맞는 필요를 찾는 일에 골몰하게 됩니다. 자신의 요구가 아닌 교사의 요구, 자신의 바람이 아닌 교사의 바람을 자신의 요구와 바람으로 대신하게 됩니다.

교사들은 수시로 스스로를 단속하고 의심하고 검열해야 합니다. 자신의 말이 교육의 길을 잃고 위협이 될 때, 순전히 교육이 아니라 아이들의 욕구를 묶어두고자 하는 욕망일 때, 아이들에게 어떤 결과를 가져올지 생각해야 합니다.

교사에 대한 두려움이 사라져야 합니다. 아이들에 대한 냉소가 불식되어야 합니다. 교사와 아이들은 함께 말하고 서로 공감할 수 있어야 합니다. 마음에도 없는 말을 강요할 것이 아니라, 아이들 마음 속 진실이 두려움 없이 세상 밖으로 나올 수 있도록 아이들을 존중해야 합니다.

소설가 백영옥은 누구나 평생 품고 사는 자신만의 가정법이 있다고 말합니다. 그때 그 학교에 원서를 냈었다면, 그때 부모님 말씀을 들었더라면, 그때 친구의 부탁을 들어주었더라면, 그때 거기에 가지 않았더라면 등 끝없이 괴롭히는 가정법 말입니다. "그때 그 선생님만 만나지 않았더라도!"라고 아이들을 평생 괴롭히는, 만나지 않았으면 좋았을 교사는 아니어야 하지 않을까요? 교무실은 생각을 심판받는 지옥의 문이 되지 않았으면 좋겠습니다.

시간표는 아이들의 성장을 꾀하는가

아이들이 학교에서 가장 먼저 배우는 것은 각각의 활동에 배분된 '시간 지키기'입니다. 일단 학교라는 조직에 소속되어 교복을 입고 학교라는 공간에 들어서면, 생활은 완전히 타율의 영역으로 바뀝니다. 조직 속에서 학생은 완전히 계획의 주체가 아니라, 객체가 되고 대상이 됩니다.

시간표는 아이들에게 제시되는 과제입니다. 시간마다 어른의 요구가 담겨 있기 때문입니다. 아이들은 시간마다 들어 있는 어른의 요구 사항을 해결하는 훈련을 반복합니다. 시간 속 요구는 피할 수도 뒤로 미룰 수도 없는 절대적 명령입니다. 아이들은 자신도 모르는 사이 자율을 잃고 타율에 젖어갑니다. 학생이 된다는 것은 어른이 제시한 시간 단위로 세분된 요구에 익숙해진다는 것을 의미합니다.

시간표는 시간 규율에 자발적으로 복종하는 아이를 만듭니다. 그래서 시간표대로 움직이지 않으면 불량한 존재가 됩니다. 고치려는 손길들이 분주해지는 건 당연한 수순입니다. 집에서는 부모님이 잔소리가 쉬질 않고, 학교에서는 선생님의 질책이 쏟아집니다. 어른의 잔소리는 아이들을 어른의 뜻 안으로 끌어들이기 위한 술책입니다. 숨 돌릴 겨를도 없이 쏟아지는 사설에 아이들은 어찌할 도리 없이 어른들의 시간표 안으로 끌려 들어갑니다.

이 지점에 아이들은 물음표를 답니다. '내 시간은 어디 있지?' 분명 내 삶인데, 내가 나를 내 마음대로 어찌할 수 없다는 사실에 의구심을 갖는 겁니다. 이 시간에 여기에서 이것을 왜 해야 하는지도 모른 채 따라야 하는 자신에 대해 갖는 지극히 당연하고 자연스러운 의문입니다.

아이들의 시간표를 왜 어른이 짤까요? 아이들은 자신들의 뜻과는 상관없이 짜인 시간표 앞에서 어안이 벙벙해집니다. 어른의 욕심만 그득 담긴 시간표는 이것저것 따짐 없이 따를 것을 강요하는 명령서입니다. 그 명령은 자신들이 원하는 것을 먹이고, 입히고, 그래서 '어른의 아이'를 만들기 위한 사실상의 자유를 제한하는 행정처분입니다.

아이들의 삶은 아이들의 것이잖아요. 아이들이 스스로 계획하고, 준비하고, 실현해 갈 수 있도록 해야 합니다. 다만 어른들은 도움이 필요한 부분들을 도와주고, 장애 요인이 있다면 함께 제거하고, 밀어주고 당겨주는 조력자의 역할에 머물러야 합니다. 너무 깊숙이 개입하는 것은, 아이들이 자신의 의지로 삶을 가꿀 기회를 빼앗는 일입니다.

시간표를 제시하고 무조건 따를 것을 강요하는 것은 어른이 짜놓은 삶의 틀로 어른과 똑같은 아이를 찍어내려는 시도와 다름없는 일입니다. 그러면 아이는 자신의 독창성을 잃어버리고 '또 다른 어른'이 만들어지게 될 뿐입니다.

아이들 뜻이 반영되지 않은 어른의 일방적 시간표는 아이들에겐 족쇄가 됩니다. 아이들의 교육 활동을 돕는다는 명분 아래 짜놓은 시간표는 감시망이 되고, 시간표 안에서 움직이는 아이들의 삶은 그대로 투명하게 노출됩니다. 사생활은 보호받을 수 없고, 아이들의 일거수일투족은 어른들의 감시망 안에서 그대로 드러납니다.

어른들이 제시한 시간표에는 '꿈의 실현, 멋진 미래, 행복한 삶'을 위해 참고 견뎌야 할 시간이라는 부제가 붙습니다. 어른을 위한 시간표가 아니라, 너희들의 미래를 아름답게 만들기 위해 불가피하게 걸어야 할 길이라는 이야기도 덧붙입니다.

행여 제시된 시간표 밖으로 뛰쳐나가기라도 하면 불량 학생이라는 딱지가 붙습니다. 그리고 실패라도 하면 어른의 말을 듣지 않은 결과라고 결론 냅니다. 어른들의 말이 성공을 위한 길이라는 말이지요. 그러기에 실패는 당연히 어른의 말을 듣지 않아서라는 말이 되는 겁니다.

어른들 잘못은 있을 수 없습니다. 잘못되면 몽땅 아이들 탓이고 아이들 잘못입니다. 어른이 짜놓은 시간표대로 움직이지 않았기 때문에, 어른이 부여한 과제 이행을 게을리했기에 주어진 결과라는 겁니다. 어른들은 아이들이 머무는 곳에는 어김없이 아름다운 말들로 장식합니다. 창의, 꿈, 희망, 자유, 사랑, 평화, 배려, 협동, 자립…, 언어의 화려함은 보기에 화려할 뿐 스스로는 그 어떤 힘도 발휘할 수 없습니다. 언어에 힘을 불어넣어야 합니다. 실제 아이들이 그들의 삶 속에서 새로운 생각을 하고 꿈을 꾸며, 희망과 자유를 말할 수 있어야 합니다. 그러기 위해서는 어른의 생각만으로 이루어진 시간표가 아닌 아이들의 생각이 반영된 시간표가 편성되어야 합니다.

아이들의 삶을 아이들에게 돌려주어야 합니다. 아이들이 스스로 자신의 삶을 계획하고 준비하고 살아갈 수 있도록 해야 합니다. 아이들 스스로 자신의 삶에서 자신들이 원하는 실질적인 변화를 이끌어 낼 수 있도록 기회를 부여해야 합니다. 어른이 아이들 삶 깊숙이 개입하여 이건 이렇게 하고, 저건 저렇게 하고, 이럴 땐 이렇게 하고 저럴 땐 또 저렇게 해야 하고…, 의지와 행위의 강요는 아이들의 삶을 망가뜨리는 폭력적 행위입니다.

아이들의 삶은 지켜봐주기만 하면 됩니다. 그들의 발걸음을 지지해주기만 하면 됩니다. 스스로의 힘으로 걷는 걸음을 응원하고 지켜보면 됩니다.

'내 인생은 나의 것, 그냥 나에게 맡겨주세요. …(중략)… 나는 모든 것 책임질 수 있어요. 사랑하는 부모님, 부모님은 나에게 너무도 많은 것을 원하셨어요. 때로는 감당하기 어려웠지만 따라야 했었지요. 가지 말라는 곳엔 가지 않았고, 하지 말라는 일은 삼갔기에 언제나 나는 얌전하다고 칭찬받는 아이였지요. 그것이 기쁘셨나요? 화초처럼 기르시면서 부모님의 뜻대로 된다고 생각하셨나요? …(중략)… 부모님이 살아오신 그 길이 나의 인생은 될 수 없어요. 시대는 언제나 가고 가는 것, 모든 것은 달라졌어요. 부모님의 어린 시절을 다시 한 번 돌아보세요. 그때는 아쉬운 마음이 없으셨나요. 나는 이미 알고 있어요. 부모님이 말하는 그 모든 것이 사랑인 줄을 나는 알아요. 그러나 내가 원하는 것도 부모님은 알아주세요. …(중략)… 그냥 나에게 맡겨 주세요.'

가수 민해경이 부른 〈내 인생은 나의 것〉이라는 노랫말 중 일부입니다. 요즘 아이들이 부모님께 드리고 싶은 말씀은 아닐는지요.

들리지 않는
아이들 목소리

학교는 아이들을 위한 공간이고 시설 또한 아이들을 위한 장치입니다. 학교에서 행해지는 모든 일들의 주인공 역시 아이들입니다. 교육 과정도 아이들의 성장을 돕기 위한 계획이고, 교사 역시 아이들을 위한 존재입니다. 아이들이 중심이고 아이들이 목적입니다. 그 무엇도 아이들보다 우선할 것은 없습니다.

그러나 아이들이 없습니다. 아이들을 위한 공간이어야 할 학교는 어른들의 소리로만 그득하고 시설 역시 아이들에 대한 배려가 부족합니다. 마음껏 뛸 수도, 소리 지를 수도, 마음껏 이야기할 수도 없습니다. 조심해야 할 공간이고 아껴야 할 시설일 뿐입니다. 마음껏 만질 수도, 사용할 수도 없습니다. 아이들을 위한 공간이, 그리고 아이들 활동을 돕기 위한 시설이 오히려 아이들의 삶을 불편하게 합니다.

아이들을 위하여야 할 교사는 오히려 거리를 두고 싶은 존재가 되고 있습니다. 그럼에도 아이들은 살기 위해 '눈치'를 보고 '무난한' 모습을 연출합니다. 별로 나쁘지 않은 양 꾸미는 가식적인 모습은 교사들이 자신들을 위할 거라는 희망에 대한 체념에 의존합니다. 게다가 아이들에게는 교사의 눈 밖에 벗어남에 대한 공포를 완충해줄 보호망이 없습니다.

그러니 아이들은 이런저런 요구는커녕 자신의 감정마저 소진해야 하는 헛한 마음으로 교사들의 이끌림에 익숙해져 갑니다. 관계적 고립이 두렵기 때문입니다. 이것이 학교가 일방적으로 만들어 놓은 규정을 따르고 계획대로 움직이는 이유입니다. 규정과 계획에 물음표를 붙이는 일은 어른의 생각을 거부하는 불손한 행동이 되어 교사와의 관계를 불편하게 만듭니다. 어른이 주도하는 교육 현장에서 아이들의 생각은 아이들 자신의 삶을 가로막는 장애가 됩니다. 생각을 멈추고 어른의 생각을 수용하고 따르는 것이 현명한 일입니다.

이런 겁니다. 야간 자율 학습을 할 것인지, 모의고사는 볼 것인지, 보충 수업을 할 것인지, 봉사 활동에 참여할 것인지… 아이들의 생각을 묻는 겁니다. 그런데 아이들은 자신들의 생각을 솔직하게 드러내지 않습니다. 묻는 이의 의도를 이미 알기 때문입니다. 묻는 이의 생각에 동의하는 것이 신상에 이롭다는 것에 몸과 마음이 먼저 반응합니다. 온갖 협박과 잔소리가 이어지고 동의하지 않을 경우 후유증이 만만치 않다는 것을 이미 체험했기 때문입니다. 아이들이 생각하는 과정은 자연스럽게 생략됩니다.

각종 학교 행사도 마찬가지입니다. 체육 대회, 소풍, 수학여행, 체험 학습, 졸업 여행…. 계획 과정은 물론 행사 진행 과정에서도 아이들은 철저히 배제됩니다. 해야 할 것이 무엇이고, 해야 하는 이유는 무엇인지, 언제, 어디서, 어떻게 해야 하는 것인지 철저히 비밀입니다. 아이들의 일에 어른들만 모여 앉아 있습니다. 아이들의 자리는 마련되어 있지 않고 아이들은 자신들의 일이건만 생각할 필요도, 이유도, 기회도 주어지지 않습니다. 아이들의 사고 기능은 점차 퇴화됩니다.

자율 아닌 자율 학습이 이루어지는 것은 아이들에게 이젠 결코 낯선 일이 아닙니다. 사전 속 자율의 의미가 교실 속에서는 전혀 다른 의미로 통용됩니다. 타율을 자율로 받아들이고 거부를 동의로 인식하는 어른들이 야속할 뿐입니다.

'거부권이 사실상 인정되지 않는 동의서. 동의만 존재하고 동의만 인정되는 동의서.' 동의와 거부는 모두 아이들의 소리입니다. 아이들의 참된 사정이 깃들인 아이들의 마음입니다. 그러나 아이들 소리는 마음속에만 머무를 뿐입니다. 귀 기울이는 이가 없기 때문입니다. 아이들 소리에 귀 기울여야 할 어른들이 들으려 하지 않기 때문입니다. 어른들은 듣고 싶은 소리에만 귀 기울이고, 듣고 싶지 않은 소리에는 귀를 닫습니다. 침묵을 요구하기도 합니다. 자신의 뜻과 다른 이야기라면 아예 입 밖에 내지 말라는 겁니다.

아이들의 소리는 성장하는 소리입니다. 생명을 위한 소리, 생명이 자라나는 소리입니다. 소리 없는 성장은 없습니다. 그 소리를 제약하는 것은 성장에 대한 제약입니다. 성장을 가로막는 폭력입니다. 아이들 소리에 귀 기울이는 것은 성장을 지지하는 일입니다. 그리고 바르고 건강한 성장을 돕는 일입니다. 어떤 소리든 아이들 이야기에 귀 기울일 필요가 여기에 있습니다.

어른들은 입이 아니라 귀를 열어야 합니다. 어른들은 자신들의 소리를 내는 것이 아니라 아이들이 소리 낼 수 있도록 터를 마련해 주어야 합니다. 아이들 소리에 귀 기울이는 것이 교육입니다. 교육은 듣는 것으로부터 시작됩니다. 아이들의 요구와 필요를 듣고, 어려움과 고통에 귀 기울이고, 필요를 충족시켜 주고, 고통을 함께 나눌 때 아이는 성장합니다. 아이들의 목소리보다 어른의 목소리가 더 당당할 수 있다는 것이 두렵습니다.

교사의 말은, 그리고 행위는 모두 교육입니다. 교과서 속 이야기를 전하는 일만 교육이 아닙니다. 평소에 아이들을 대하는 모든 태도가 교육입니다. 교사와의 소소한 모든 일상이 교육입니다. 아이들의 주체적인 삶을 위해 아이들의 소리가 수면 위로 드러나길, 아이들의 목소리로 부당한 일상이 새롭게 변화되길 기대해봅니다. 교사의 소리만 울리는 교실은 아이들을 물리적, 관계적, 감정적으로 고립시킵니다. 아이들과 함께할 교육적 전환이 시급히 요구됩니다.

교실이
두려운 이유

    수업 시작을 알리는 종소리가 어느 때보다 야속하게 들리는 어느 나른한 오후, 물 한 모금으로 정신을 가다듬고 막 교무실을 나서는데 민준이가 급히 다가옵니다.

    "저, 선생님…."

    "응, 민준이구나, 근데 무슨 일이니?"

    "저, 장염에 걸려서 약 좀 먹고…, 수업시간에 좀 늦을 것 같아서요."

    "그렇구나. 병원에 가야 하는 것 아니니?"

    "갔었어요. 그리고 약도 먹고, 근데 아직 불편해서요."

'집에 가서 좀 쉬지 그러니?'라고 말하고 싶었으나 그럴 수 없다는 것을 잘 알기에 차마 말 못하고 목 깊숙이 삼켰습니다. 아이들은 교실을 떠날 수 없습니다. 장염에 걸려 배가 아파도, 감기 몸살로 온몸에 힘이 빠지고 쑤시고 아파도, 아이들은 손에서 연필을 놓지 않습니다. 1점이라도 더 올리는 것이 아이들에게 주어진 절체절명의 과제이기 때문입니다.

공부 앞에서 아이들은 그 무엇도 생각하기 어렵습니다. 이것이 몸이 아파도 교실을 떠날 수 없는 이유입니다. 대체 무엇이 아이들로 하여금 그토록 교실에 묻혀 공부에 매달리게 하는 걸까요. 무엇이 공부에 정신 팔려 다른 것을 볼 수 없게 하는 걸까요.

아이들이 걷고자 하는 '길' 때문입니다. 교실을 벗어나 잠시라도 공부가 아닌 다른 무엇을 위해 시간을 보내는 것은 자신이 생각하는 길을 걸을 수 없게 만든다는 불안감이 아이들을 교실에 가둡니다. 불안감은 어른들의 협박으로 강화되고, 강화된 불안감은 스스로를 옥죄는 규칙이 되었습니다.

이러한 규칙은 아이 억압의 핵심입니다. 아이에 대한 신체적, 정신적 억압은 오랫동안 쌓인 폐단입니다. 폐단은 극복의 대상입니다. 그러나 오히려 상급학교 진학이라는 아이들의 꿈을 구실삼아 정당화를 모색합니다. 오래된 억압 장치는 마땅한 교육적 장치가 되어 작동되고 있습니다.

"약 좀 먹고 올게요."라는 민준이의 말을 무심히 넘길 수 없는 이유는 '집에서 쉬고 싶다.'라는 민준이의 생각이 생각으로만 머물 수밖에 없도록 만드는 억압적 장치가 여전히 아이들의 삶을 옥죄는 방식으로 작동하고 있다는 사실 때문입니다. 억압은 인격체가 아니라 비인격적 대상을 향한 말입니다. 아이들은 인격체입니다. 그러므로 비인격적 대상에게나 적합한 억압이라는 용어는, 그리고 억압이라는 행태는 청산되어야 합니다. 억압은 아이들을 도구삼아 어른들의 꿈을 갈망하는 일입니다.

모욕당해도 괜찮은 삶은 없습니다. 어른 중심으로 행해지는 교육은 아이들의 억압적 대상화를 부추깁니다. 아이들의 욕구를 깔고 앉아 아이들의 희망을 말하고 자아실현을 돕는다는 것은 위선이고 착각이며 아이들에 대한 모욕입니다. 아이들이 자유롭게 자신의 삶을 설계하고 꾸미고 만들어갈 수 있도록 구속의 손길과 눈길을 거두어야 합니다.

왜 아이들은 고통을 홀로 견뎌야 할까요? 아픔을 참아야 하고, 어리다는 이유로 어른의 지지를 받지 못하고, 가부장적 분위기에서 모욕과 무시를 견뎌야 하고, 꿈을 현실로 바꾸기 위해 도구처럼 생활해야 하고, 입시생이 되면서 맞닥뜨린 강압적 상황을 온전히 받아들여야 하고, 스스로를 착취해서라도 어른이 바라는 삶을 살아야 할까요? 어른이 심어놓은 삶의 철칙인 돈, 권력, 명예, 일류, 1등급, 그리고 그를 위한 경쟁…. 이것이 아이들이 고통 속에서도 교실에 머무를 수밖에 없는 이유입니다.

아이들을 바라보는
폭력적 시선

"애들이요? 에이 그건 절대 안 돼요."

"애들이 그걸 한다고요? 어림없어요."

"아휴, 엉망이 될 걸요. 감독 없이 애들에게만 맡기는 건 있을 수 없어요."

아이들에게 무언가 스스로 할 수 있는 기회를 주어야 하는 게 아니냐는 이야기를 할 때마다 으레 교사들은 말합니다. 아이들은 안 되고, 할 수 없는 존재들이라고. 아이들에 대한 신뢰가 없습니다. 아이들에게 어떤 일을 맡긴다는 것은 상상할 수 없다는 태도들입니다. 교사들의 태도는 완강합니다. 교사들에게 아이들은 무능하고, 믿을 수 없는 존재들일 뿐입니다. 교사의 눈에 비친 아이들은 할 수 있는 것이 없는 무능인일 뿐입니다.

"애들 생각을 들어봅시다. 애들 스스로 어떤 방안을 찾아보게 합시다. 그리고 가능하면 애들 생각을 수용합시다. 애들에게 맡기면 잘할 겁니다. 아이들에게 할 기회를 주는 게 좋겠습니다."라고 하는 교사들의 이야기를 들어본 기억이 없습니다. 아이들의 생각은 항상 그르고 능력 또한 믿을 수 없습니다. 이것이 교사들이 아이들 앞에서 '이래라, 저래라.' 호령하는 이유입니다. 아이들에 대한 신뢰가 낮을수록 교사들의 목소리는 커집니다. 교사들의 목소리에 아이들의 소리는 묻힙니다. 그리고 아이들은 점점 더 믿을 수 없는 존재가 되어갑니다.

그래서 간판만 '자율'입니다. '수요자 중심', '학생 의견 수렴', '학생 자치 활동'. 많은 자율과 자치 또한 문서 속에서 박제된 활자로만 존재합니다. 학생회는 어떤가요? 이름만 학생회가 아닌지 모를 일입니다. 이름에 걸맞게 학생을 위한, 학생에 의한, 학생의 조직인지 궁금합니다. 운영은 학생 자치적으로 이루어지는지도 모를 일이고요. 국정을 대리 처리하던 수렴청정이 떠오르는 이유는 무엇일까요? 아이들을 대신해서 생각하고, 판단하고, 결정하고, 시행하고…. 어른의 간섭 없는 생활이란 아이들에겐 있을 수 없는 말입니다. 아이들에게 자율이란 어불성설이라는 거지요.

정말로, 아이들은 무엇이든 스스로 할 수 없는 존재인가요? 아이들이 능력이 없다면 이유는 무엇일까요? 어른의 손에서 벗어날 수 없고, 미숙한 이유는 또 무엇일까요?

인간의 능력은 배움의 결과입니다. 자율 능력이 없다는 것은 배울 기회가 없었기 때문입니다. 처음부터 걸을 수 있는 기회를 주지 않는다면 아마 아이들은 걸을 수 없을 겁니다. 걸을 수 있는 능력이 없으니 걷게 하지 말자고 걸을 수 있는 기회를 주지 않았다면, 그래서 어른들이 아이들을 대신해 걸었다면 아이들의 걷기 능력은 길러지지 않았을 겁니다. 걸을 수 없었지만 걸을 수 있는 능력이 있음을 믿고, 넘어지고 다치는 일을 겪을 줄 알면서도, 어려움과 고통이 따르는 것을 알면서도, 걸을 수 있는 기회를 주었기에 아이들은 걷고, 또 뛸 수 있는 힘이 생긴 겁니다.

아이들의 자율적 힘도 마찬가지입니다. 지금 그러한 능력이 없다고 실제로 능력이 없는 것이 아닙니다. 능력은 있으나 잠재되어 있을 뿐입니다. 잠재된 그 능력을 믿지 못하는 겁니다. 어른들이 믿지 못하면 능력이 있어도 없는 능력이 되고, 영원히 빛을 볼 수 없게 됩니다.

아이들의 능력은 어른들의 신뢰로 자랍니다. 능력이 있음을 믿어주면 그 능력은 있는 것이고 믿어주지 않으면 있는 능력조차 없는 능력이 됩니다. 능력이 있음을 믿고 발휘할 기회를 주는 것이 교육입니다. 아이들에게 능력이 없는 것은 아이들에 대한 어른의 신뢰가 없기 때문입니다. 그리고 기회를 주지 않기 때문입니다.

능력이 없는 아이는 없습니다. 다만 능력을 발휘할 기회를 얻지 못했을 뿐입니다. "너는 할 수 있는 능력이 없으니 가만히 있어라." 라는 식의 사고와 그런 식으로 대하는 어른의 태도가 아이를 무능하게 만드는 겁니다.

능력을 길러주는 것이 어른의 도리입니다. 교육은 잠재력을 찾아 성장시키는 일입니다. 잠재력을 찾는 첫째 조건은 아이에 대한 신뢰입니다. 모든 아이들은 그만의 독특하고 아름다운 능력을 지니고 있다는 진솔한 믿음으로부터 교육은 시작됩니다. 그리고 두 번째는 능력의 성장 가능성에 대한 신뢰입니다. 마지막으로 기회 부여입니다. 능력이 있음을 믿고 성장할 수 있는 기회를 부여할 때 아이의 능력은 싹을 틔우고 성장하게 됩니다.

기회 부여는 간섭의 배제를 의미하기도 합니다. 지나친 간섭은 성장을 저해합니다. 아이의 가능성이 무한히 뻗어나가게 하기 위해서는 그 어떠한 간섭도 있어서는 안 됩니다. 아이의 가능성을 믿고 가능성이 뻗어 나가는 데 장애가 되는 요인을 제거해주는 것이 최선의 교육입니다. 그것이 아이들이 차근차근 자신의 능력을 통해 독립적이고 주체적으로 자신의 미래를 모색할 수 있도록 돕는 일입니다.

"애들이요? 충분히 할 수 있지요."

"애들이 그걸 할 수 있냐고요? 그럼요. 충분히 가능한 일이지요."

애들은 할 수 있습니다. 할 수 없는 일은 없습니다. 다만 할 수 없다고 생각하는, 그래서 하게 해서는 안 된다는 아이들을 믿지 못하는 어른이 있을 뿐입니다.

상상력이 폭발하는 시기인 만큼 진정으로 걱정해야 할 것은 어른들의 그릇된 생각에 아이들의 인권이 짓밟히고, 민주주의가 질식당하지는 않는지 하는 것입니다. 여기에서 아이들의 눈과 귀를 가리고 손과 발을 묶는 일은 없는지, 그래서 아이들이 그들의 삶에 방관자가 되게 하는 것은 아닌지 돌아봐야 합니다.

공부하는 과정 자체가 공부를 통해 얻고자 하는 아이의 모습을 닮아야 합니다. 자유롭고 행복한 아이, 정의로운 아이를 원한다면 공부 과정 역시 자유롭고 행복하고 정의로워야 합니다. 상상력이 풍부하고 창의적인 아이, 배려할 줄 알고 친절한 아이를 원하면 공부 역시 창의적인 방법으로 이루어져야 하는 겁니다. 끌고 가는 교육은 끌려 다니는 존재를 만들 뿐입니다.

만들어지는
아이들

중간고사를 앞둔 어느 날, 교실에 들어서자 서연이가 "선생님!" 하고 소리치면서 손을 번쩍 듭니다. "응, 그래. 서연아." 반갑게 대꾸하자, "저~"라며 잠시 머뭇거리다가 "아니에요."라면서 급히 입을 다뭅니다. 손을 들 때의 씩씩함은 금세 사라졌습니다.

아이들은 어른보다 상대적으로 약한 위치에 있습니다. 생각을 숨기고, 감정을 억누르고, 눈치를 보고 말을 해야 하는 아이들에게서 아이 위에 어른거리는 어른의 그림자를 봅니다. 아이들은 어디에 가든지, 무엇을 하든지, 자신의 뜻보다 어른의 뜻을 앞세우고, 자신의 생각보다 어른의 생각을 우선시하고, 자신의 의지보다 어른의 의지대로 움직이고, 어른의 눈으로 보고, 어른의 귀로 듣는 것을 옳은 삶으로 규정하고 있는 듯합니다.

아이들은 자신도 모르는 새 어른들의 시선과 생각에 길들여집니다. 이것이 아이들 삶 속에 정작 아이가 보이지 않는 이유입니다. 아이들의 이목구비는, 아이의 감정은, 아이의 생각과 아이의 바람은, 아이들은 자신이 아닌, 어른을 위한 도구고 장식일 뿐입니다.

그곳에 가야 하는 이유도, 그것을 해야 하는 이유도, 여러 길 중 꼭 그 길로 가야 하는 이유도, 다양한 방법 중 그 방법만을 고집하는 이유도 그들은 모릅니다. 다만 어른이 가리키는 곳을 향하고, 일러준 길을 걸을 뿐입니다. 오로지 어른의 요구를 따를 뿐입니다.

삶의 의미를 밝혀내고 의미에 의미를 더해가고, 의미에 가치를 덧입히는 것이 교육의 윤리입니다. 학교에서 가장 두려운 결과 역시 의미 없는 시간, 의미 없는 하루입니다. 적어도 학교생활 속에서 교육은 의미 있는 활동이어야만 합니다. 학교생활에서 쓸모와 가치, 그리고 의미를 밝히는 것, 시간을 소비하지만 그 안에서 소비한 시간의 의미를 찾아주는 것, 그것이 바로 교육이기 때문입니다.

서연이의 입을 막는 것은 어른의 손입니다. 보이지 않는 어른의 손은 서연이 삶 구석구석에 닿아 있습니다. 서연이가 가는 곳이면 어디든 있습니다. 어른의 손길은 아이의 삶을 놓치지 않습니다. 이것이 아이가 생각을 드러내기 어려운 이유입니다. 어른의 손이 아이들 삶에서 의미를 퇴색시키는 나쁜 손은 아닌지요?

그냥 잠자코 있는 것이 상책입니다. 무슨 말이라도 했다가 무슨 봉변을 당할지 모를 일입니다. 생각이 있어도 그냥 털어버립니다.

할 말이 있어도 그냥 삼킵니다. 보아도 못 본 척, 들어도 관심 밖으로 밀쳐냅니다.

아이들은 포기를 먼저 학습합니다.
아이들은 절망에 길들여집니다.
아이들은 노예의 태도를 먼저 익힙니다.

"찍힐까봐, 생활기록부에 안 좋은 말이라도 적힐까봐 쉽게 항의할 수도 없어요."

어느 아이의 고백에서 아이들의 삶을 엿봅니다. 아이의 고백에는 진한 슬픔이 배어 있습니다. 아이들은 왜 그래야 하는지 묻고 싶습니다. 한 마디라도 그래야 하는 이유를 듣고 싶습니다. 하지만 입을 열 수 없습니다.

한 번 '어떤 사람', '어떤 점수', '어떤 활동', 딱 한 번 기록된 생활기록부는 영원히 고정된 삶이 됩니다. 영원히 그런 사람이고, 그런 성적을 지니고, 그러한 꿈을 꾸고, 그러한 활동을 한 그런 사람입니다. 한 아이를 어떤 사람으로 만드는 데는 교사의 한 마디가 큰 힘을 발휘합니다. 아이들에겐 결코 거부할 수 없는 비극적 운명입니다.

교육은 '어떤 인간이 될 것인가? 어떤 가치를 추구하면서 살아갈 것인가?'라는 질문에 대한 답을 쓰는 일입니다. 어른이 적은 답을 아이에게 제시하고, 답으로 받아들이고 따를 것을 강요하는 것은 아이의 삶에 대한 심각한 침해입니다.

인간은 '왜?'라는 질문을 멈출 때 성장 또한 멎는다고 합니다. 아이들의 생각을 허용치 않는 어른들의 폭력이 아이들의 의문을 멎게 합니다. 깎는 대로 깎이고, 파는 대로 파지고, 새기는 대로 새겨지고, 찍는 대로 찍히는 조각. 아이들은 그렇게 우울한 조각이 되어 갑니다.

교실은 유배지인가

인터넷은 아이들이 바깥세상을 접할 수 있는 유일한 창구입니다. 세상과 단절된 교실에서 아이들은 인터넷을 통해 세상을 보고, 세상을 듣습니다. 인터넷은 아이들의 오랜 친구입니다. 인터넷은 교실 속 아이들의 삶을 가장 가까이에서 지켜보는 존재입니다. 아픔도, 슬픔도, 기쁨과 즐거움도 인터넷과 함께합니다. 아이들은 인터넷을 통해 상처를 보듬고 아픔을 삭입니다. 인터넷은 위안입니다.

그런데 세계적인 IT 미래학자이자 인터넷의 아버지로 불리는 니콜라스 카(Nicholas Carr)는 인터넷이 사람들의 사고력을 저하시키고, 결과적으로 산만하게 만들 수 있다고 경고합니다. 인간의 뇌는 가소성이 뛰어나기 때문에 인터넷에 정기적으로 노출되면 주의력, 사고력, 공감능력, 열정이 떨어진다는 것입니다. 뿐만 아니라 깊이 생각하는 방법 자체를 잃어버린 뇌로 만든다는 것이 니콜라스 카의 생각입니다.

카는 현대인들이 건망증, 집중력 장애를 호소하는 까닭도 모두 이런 이유에서라고 강조합니다. 그래서 그는 인터넷을 멀리할 것을 주문합니다. 사회적으로 커다란 영향력을 미치는 정책 결정자부터 인터넷을 멀리해야 한다고 권합니다. 육아나 교육 현장도 예외가 아닙니다. 카는 인터넷 대신 '자연을 가까이 하라'라고 말합니다. 인터넷은 오래 사귈 것이 못 된다는 겁니다.

자연을 등진 공간, 자연을 만날 수도 느낄 수도 없는 공간, 인터넷에 묻힌 교실 속 아이들을 생각해야 하는 이유가 여기에 있습니다.

'나중에, 대학 가서….'

오늘, 아이들의 요구에 대해 변함없이, 오랜 세월, 한결같이 내놓는 지조 있는 어른의 대답입니다. 지금이 아니라 나중에 만나라는 어른의 명령입니다. 너희들이 있어야 할 곳은 교실이고, 너희가 만나고 이야기 나누어야 할 것은 교과서라는 겁니다. 그리고 보고 싶고, 듣고 싶고, 알고 싶으면 인터넷을 만나라는 말도 잊지 않습니다.

아이들이 어른과 다른 욕구를 드러내는 것은 학생다움을 훼손하는 일입니다. 아이들이 지닌 욕망의 미(美)는 억누름에 있습니다.

학교 체제, 그리고 어른의 요구에 대한 조건 없는 순종이 성실하고 선하며, 귀감이 되는 모범생이 갖추어야 할 조건입니다. 자연을 가까이 하고, 몸과 마음에 편안한 쉼을 위한 욕망은, 위대하고 아름다운 미래를 위해 뒤로 미루어야 합니다.

이른 아침 교실로 들어선 아이들은 빛과 온기가 사라지고 어둠이 대지를 짓누르는 어두컴컴한 시간이 되어서야 교문을 나섭니다. 자신의 능력을 찾아 성장시키고 오늘을 즐기고 내일을 고민하기 위해서가 아니라 중간고사, 기말고사, 수시로 치러지는 모의고사를 위해 드나듭니다.

평가의 나날, 아이들은 여유가 없습니다. 아이들에게 조금의 여유도 허락하지 않는, 끝도 없이 이어지는 시험. 문제지에 빼곡히 박힌 문제들은 아이들의 꿈을 결정하는 열쇠입니다. 아이들은 문제를 풀 때마다 꿈의 성취에 한 발짝씩 가까워집니다. 요즘 아이들은 꿈은 이룰 수 있는지, 이룰 수 있다면 꿈에 얼마나 가까워졌는지 평가 받으러 학교에 갑니다.

평가 결과에 따라 아이들의 운명이 갈립니다. 그 정점에 대학이 있습니다. 아이들에겐 대학만 졸업하면 행복이 기다리고 있다는 맹목적 믿음이 있습니다. 대학 졸업장이 행복 보증서라는 확신이 있습니다. 그러나 그러한 소신은 어른이 심어준 허상은 아닌지요?

행복은 오늘을 팔아 내일 어딘가에서 구하는 물건이 아닙니다. 내일의 행복은 오늘의 행복이 담보합니다. 오늘 행복해야 내일도 행복할 수 있습니다. 이것이 내일 행복을 이야기하기 전에, 내일의 행복을 묻기 전에, 오늘 행복한지를 먼저 물어봐야 하는 이유입니다.

아이들을 교실에 가두어두고 자연과의 만남을 가로막는 것은 아이들의 행복권을 침해하는 일입니다. 아이들이 마음껏 자연과 벗할 수 있도록 교실의 문을 열어젖혀야 합니다. 아이들은 자연을 통해 심리적 안정을 얻고 기쁨을 얻습니다. 자연과의 사이를 가로막고 있는 각종 장치들을 제거하는 일은 아이들이 행복하게 삶을 준비할 수 있도록 돕는 일입니다. 교실에서 현대판 유배 생활을 하도록 강요하는 것 자체가 주어진 신체적 기능 발휘의 기회를 빼앗는 비인간적 처사고, 다양한 정신적 능력을 발휘할 권리마저 빼앗는 비교육적 행태며, 보다 넓게는 아이들의 인권을 침해하는 일입니다.

교실 속 아이들의 삶은 경쟁을 위해 단련하고 이기는 길만을 추구하는 투사들의 삶을 닮았습니다. 투쟁의 결과 주어지는 보상을 위해 오늘의 삶을 투자하는 아이들의 삶은 결코 아이들의 존엄함을 존중하는 교육과는 거리가 멉니다. 더 큰 비극은 이처럼 비교육적이고 인간적이지도 않은 생존투쟁의 장에서 벗어나는 길은 그 어디에도 없어 보인다는 겁니다.

아이들도 사람입니다. 아이들도 행복할 권리가 있습니다. 이렇게 당연하고도 정당한 주장이 현실에서 힘을 얻지 못하는 이유는 무엇인지요? 아이들이 아파하고 신음하는데도 어른은 귀를 막고 눈을 감는 이유가 무엇인지요? 로마시대 검투사들의 목숨을 건 투쟁을 구경하면서 오락으로 즐긴 당시 시민들의 모습과 무엇이 얼마나 다른지요?

센트럴 파크가 위치한 맨해튼의 도시 설계자 로버트 모지스(Robert Moses)에게 누군가가 말했다지요? "만약 맨해튼의 중심부에 큰 공원을 설계하지 않으면 5년 후에는 똑같은 크기의 정신병원을 지어야 할 것."이라고 말입니다. 과로와 각종 스트레스를 마치 이름표처럼 달고 생활하는 아이들, 그들에게 필요한 건 쉼의 시간, 쉼의 공간입니다.

많은 아이들이 내일 무엇이 되기 위해 오늘 전력 질주합니다. 아이들은 매일 오늘의 행복, 오늘의 요구, 오늘의 웃음과 기쁨, 오늘의 멋, 오늘의 시간, 오늘의 만남, 오늘의 친구와 내일을 약속합니다. 내일의 행복을 담보로 오늘 아이들의 행복을 가두고 있는 것은 아닌지 돌아볼 일입니다. 교실로부터의 해방, 진지한 교육적 논의가 필요한 시점은 아닌지요? 교실로부터의 해방은 참 스승과의 만남을 주선하는 일입니다. 자연보다 훌륭한 스승은 없기에 그렇습니다.

"인간이라니, 무슨 뜻이지요?"
"자유라는 거지!"

니코스 카잔차키스(Nikos Kazantzakis)의 『그리스인 조르바(Zorba the Greek)』에서 조르바가 하는 말입니다.

아이들도 인간임을 잊지 말아야 합니다.

여백 없는 생활

"벌써 방학이에요!"

여름방학을 얼마 앞둔 어느 날 서연이가 새삼스럽게 소리칩니다.

"벌써? 방학이 반갑지 않은가보구나!"
"아~니요. 그게 아니고요. 선생님."
"3학년이 된 지가 엊그제 같은데 어느 새 여름방학이라는 게 믿기지 않아서요."

서연이는 말끝을 흐립니다.

"올 봄이 기억 안 나요. 어떻게 지났는지 전혀요. 제가 특히 봄꽃들을 좋아하거든요. 근데 올봄에는 꽃을 본 기억이 없어요. 정말, 어떻게 이렇게 몇 개월이 후딱 지나갈 수 있죠?"

스스로도 놀랍다는 듯 주절주절 넋두리를 쏟아냅니다. 계절의 변화조차 느끼지 못하면서 생활하는 자신의 처지가 딱한가 봅니다.

"엄마의 잔소리에 잠을 깨고, 아침은 먹는 둥 마는 둥, 몸뚱이를 아빠 차 안으로 던져 넣고, 꼬박꼬박 졸다보면 어느 새 교문 앞. 잘 다녀오라는 아빠의 인사도 듣는 둥 마는 둥, 비몽사몽 어찌 어찌 걷다 보면 퀴퀴한 참고서 냄새 진동하는 교실. 어둠이 내려앉을 때까지 기다리다보면 또다시 집. 조금도 변하지 않는 반복되는 나날…, 계절을 느낄 겨를이 없어요."

서리 맞은 풀처럼 서연이의 말엔 온기가 없습니다. 서연이는 올들어 교문 밖 풍경을 본 적이, 그리고 교문 밖 흙을 밟아본 적이 없답니다.

쉼! 그것은 어른만의 용어다

언제부턴가 아이들에게 휴일에 어디어디를 다녀왔다는 이야기를 하기가 미안해졌습니다. 쉼과는 거리가 먼 생활을 몇 년째 지속하고 있는 아이들에게 쉼에 대한 이야기는 아이들을 허탈하게 만든다는 생각이 들어서입니다. 눈부신 5월의 하루하루, 풍요로운 10월의 나날들. 포근한 가슴 내어주는 따스한 햇살, 공기와 바람 또한 얼마나 상큼한지요.

매일 밖으로 나돌고 싶은 심정입니다. 굳이 거창한 곳이 아니더라도 그저 따스한 온기 품은 땅을 딛고, 햇살 한줌 온몸으로 맞을 수 있는 곳, 그것만으로도 충분히 마음 덥힐 수 있을 것 같습니다.

그러나 아이들의 현실은 그것마저도 허락되지 않습니다. 조그만 햇살 한줌도 사치입니다. 아이들에게 쉼은 퇴보이고, 포기입니다. 아이들에게는 책을 덮고 교실에서 나와 자연과 만날 여유가 없습니다. 아이들에게 허락된 일은 교실이라는 제한된 공간에서, 교사의 말씀이라는 유일한 지침대로 교사의 말씀을 이정표 삼아 따르는 일 이외에는 없습니다.

최근 동물 복지가 세계적으로 주목받고 있습니다. 제한된 공간에서, 제한적인 움직임만 허용하고, 제한된 음식만 먹고, 인간의 이익을 위해 잘리고, 거세당하고…. 동물 복지는 그동안 인간의 이익에 의해 희생된 동물들의 권리를 회복시키는 일입니다. 동물 복지는 영국 농장동물복지위원회가 규정한 동물의 5대 자유인 배고픔, 불편함, 질병, 두려움, 행동의 자유를 바탕으로 하고 있습니다. 동물 복지에 대해서는 전 세계적으로 관심이 높습니다. EU에서는 1970년대 이래 지속적으로 동물 보호 복지에 관련된 입법 및 정책을 확대하고 있습니다. 2013년 EU는 돼지를 감옥이나 다름없는 스톨(stall)에서 사육하는 것을 금지한다는 동물복지 규칙을 정하기도 했습니다.

우리나라도 동물에게 불필요한 고통을 주지 않고, 쾌적한 환경에서 동물 본래의 습성대로 기르는 농장에게 국가가 주는 인증제도인, 동물복지축산농장인증제를 도입해서 운영하고 있습니다. 이러한 노력으로 그동안 문제로 지목받아 온 공장식 축산에 따른 문제점은 상당 부분 해소되리라 생각합니다.

그렇다면 아이들의 복지는 건강한지요? 아이들의 학교생활은 본성을 거스르면서 몸과 마음을 쓰는 일입니다. 교문을 들어서는 순간부터 나가는 순간까지 아이들의 본성은 교실에 감금됩니다. 그리고 한 몸이 되기를 강요받습니다.

같은 시간에 오고, 같은 시간에 가고, 같은 곳을 가고, 같은 것을 듣고, 같은 곳을 보고, 같은 것을 먹고, 같은 것을 입고, 같은 생각을 하고, 같은 가치관을 갖고, 같은 내용을 배우고, 같은 문제를 풀고, 같은 것을 외우고, 같은 책을 읽고, 같은 의문을 갖고, 같은 대답을 듣고…. 모든 아이들이 한 몸이 되어 기계적으로 움직입니다.

쉼의 시간이 필요합니다. 아이들은 기계가 아닙니다. 살아 있는 생물입니다. 고통과 아픔을 느끼고, 즐거움과 행복을 추구하는 존재입니다. 언제든 힘들고 고통스러울 때 편히 쉴 수 있는 시간과 공간을 허용해야 합니다.

학기마다 2~3일 정도라도 모든 아이들이 자유롭게 자기가 원하는 때, 원하는 곳에서, 원하는 방법으로 편히 쉴 수 있는 시간을 보장해주는 것은 어떨까요? 쉼은 아이들의 몸과 마음을 본성대로 이완시키는 일입니다.

다른 것을 보고, 다른 것을 듣고, 다른 것을 먹고, 다른 것을 입고, 다른 곳에 가고, 다른 사람들과 만나고, 다른 생각을 하고, 다른 내용을 배우고, 다른 책을 펼치고…, 모든 아이들이 자신의 생각을, 자신의 의지대로 펼칠 수 있는 기회가 있어야 합니다.

그리고 듣지 않을 자유, 보지 않거나 선택하지 않을 자유, 행하지 않을 자유, 머무르지 않을 자유, 만나지 않을 자유, 말하지 않을 자유, 먹지 않을 자유, 서둘지 않을 자유, 참석하지 않을 자유, 신지 않을 자유, 입지 않을 자유, 책을 덮을 자유, 공부로부터 잠시 떨어질 자유, 교실을 떠날 자유, 자신과 만날 자유, 타인의 시야로부터 벗어날 자유를 잠시라도 누릴 수 있어야 합니다. 학습활동과 쉼, 양립을 위한 스라벨(study and life balance)이 몹시 절박합니다.

너무 큰 기대, 배려 없이 쏟아지는 지나치게 직설적인 요구, 자신조차 돌아볼 겨를도 없이 달리는 나날, 과한 학습 노동에 지친 아이들에게 감성이 머물 여백이 필요합니다. 쉴 수 있는, 아이들의 작은 권리가 아이를 크게 키웁니다.

아이들은 왜 학교를
벗어나고 싶어 할까

"선생님 퇴근하세요?"

막 현관을 나서는데 유독 앳된 얼굴에 키가 작은 서연이가 두 팔
을 번쩍 들어 흔들며 인사를 합니다. 옆에 있던 현이도 함께 팔을
흔듭니다. 손에 뭔가 들려 있는 폼이 저녁 식사 후 매점을 다녀오
는 모양입니다. 손을 흔들어 답례를 하자, 아이들이 달려오면서 소
리칩니다.

"선생님, 벌써 가세요?"

부러움이 묻어 있는 외침입니다. 아이들의 생활은 대부분 학교

안의 공간, 교실로 한정되어 있습니다. 마음 내키는 대로 교실을 벗어난다는 것은 생각하기 힘든 일입니다. 그런 아이들에게 학교를 나서는 모습은 부러울 수밖에 없을 겁니다.

"응, 그래, 공부가 힘들지? 그래도 이제 몇 개월만 고생하면…, 그치? 힘내!"

결코 힘낼 수 없는 뻔한 말을 하고 미안한 마음에 손을 흔들어줍니다.

"네, 선생님, 안녕히 가세요."

돌아서는 마음이 불편합니다. 뭔가 아이들만 남겨놓고 좋은 곳으로 여행이라도 떠나는 기분이랄까요. 왜 이 아이들은 방과 후에도 학교에 남아야 할까요? 아마도 아이들에게 주어진 시간의 가치를 높이기 위함일 겁니다. 집에서 보내는 시간보다 학교에서 보내는 시간이 더 가치가 클 거라는 기대 때문일 겁니다. 하지만 시간의 의미나 가치는 당사자인 아이들의 몫입니다. 단순히 특정한 공간이 시간의 가치를 결정하는 것은 아닌 겁니다. 학교라는 공간이 아이들 시간의 가치를 향상시킬 거라는 잘못된 신념이 빚은 불행일지 모를 일입니다.

아이들은 어른들의 신념을 의심 없이 따릅니다. 그리고 어른들은 자신들의 신념의 옳음을 증명하기 위해 쉼 없이 과제를 제시합니다. 과제 해결은 아이들이 자신들의 꿈을 실현하기 위해 통과해야 할 관문입니다. 아이들이 늦은 시각까지 학교에 머물러야 하고, 휴일도 없이 학교라는 공간에 틀어박혀야 하는 이유는 어른들이 제시한 과제를 해결하기 위해서입니다. 과제에는 과제를 잘 이행한 사람에게만 삶의 기회를 주겠노라는 어른의 협박성 단서가 들어 있기 때문입니다.

과제 이행 여부에 따라 기회의 정도는 제한됩니다. 자신의 삶을 자신의 의지대로 이끌어 가기 위해서는 어른들이 부여한 과제를 잘 이행해야 합니다. 그렇지 않으면 삶의 기회는 주어지지 않습니다. 어른의 협박은 현실이 됩니다. 이것이 아이들이 두려운 마음으로 과제에 매달리는 이유입니다. 또한 늦은 시각까지 과제 이행을 위해 고군분투하는 이유입니다.

이 내용을 알면 삶의 기회를 주겠노라는 어른들의 외압에 어른들이 지정해놓은 교과서 속 내용을 외우고 푸느라 아이들은 생을 건 투쟁을 합니다. 늦은 밤까지 학교에 머무는 아이들, 어른들의 관심을 받기 위해 애태우는 모습입니다.

학교는 두려운 공간입니다. 자신을 '그것' 혹은 '그들'이 원하는 도구로 만들어야 하기 때문입니다. 그 누구의 '도구'가 되기 위해 발버둥쳐야 하는 시간이 고통을 부릅니다. 자신을 위한 시간이 아니라, '다른 무엇', 혹은 '다른 누구'를 위한 시간을 보내야 하기 때문입니다. 시간은 점차 아이들 고유의 색깔과 향을 옅게 하고, 다른 색깔과 향으로 입히기 때문입니다.

오래 머무를수록 아이들은 자신이 아닌 다른 '무엇'이 됩니다. 교육은 자신을 만드는 겁니다. 아이들이 자신을 만들어갈 수 있도록 돕는 일입니다. 지금 흐르고 있는 순간순간들은 아이들을 변화시키는 결정적 시간들입니다. 어른이 맡긴 과제는 아이들이 스스로를 만드는 데 얼마나 의미 있는 과제인지, 귀하고 소중한 시간을 의미 없게 만드는 과제는 아닌지 고민해야 합니다.

아이들이 가장 바라고 가장 기다리는 시간은 수학, 영어, 국어 시간이 아닙니다. 바로 하교 시간입니다. 귀가, 가장 손꼽아 기다리는 시간입니다. 가장 듣고 싶어 하는 소리는 "집에 가라."라는 소리입니다. 가장 섭섭하고 두려워야 할 "집에 가라."라는 말이 가장 듣기 원하는 말이랍니다. 어른이 제시한 과제가 그들의 삶 앞에 놓인 장애는 아닌지 돌아봐야 합니다.

학교는 왜 이처럼 떠나고 싶은 공간이 되었을까요? 학교는 호기심을 부르는 공간이어야 합니다. 교문을 들어서는 아이들은 오늘은 또 어떤 일들이 펼쳐질까 한껏 기대를 품고 들어서는 공간이어야 합니다. 학교는 무한한 상상을 부르는 공간이어야 합니다. 즐거운 상상을 펼칠 수 있는 공간이어야 합니다. 학교에서 아이들의 시간은 값지게 다루어져야 합니다. 학교가 무의미해지는 순간 아이들의 삶 역시 의미를 잃기 때문입니다. 그런데 아이들이 머무는 교실은 어떤 의미를 품은 공간인가요?

적응은 아이가 아니라
학교의 몫이다

"적응을 잘 못했어요."
"중학교 때부터 학교생활이 힘들었던 모양이에요."

민준이의 전학 소식을 듣고 이유를 묻는 물음에 대해 어느 선생님이 하시는 말씀입니다. 여러 차례 부모님과 대화도 나눠보고, 민준이의 학교생활을 돕기 위해 다각도로 노력해 보았으나 어려웠다는 말도 덧붙입니다.

적응은 일정한 조건이나 환경에 맞추어 그 조건이나 환경에 알맞게 되는 일이라고 사전(辭典)은 말합니다. 그렇다면 아이들이 환경에 적응한다는 말은 이미 제공된 학교라는 환경과 학교의 요구 조건에 맞게 스스로를 변화시킨다는 말이 됩니다. 적응은 아이들의 독특함을 벗고 어른이 제공하는 천편일률적인 환경을 입는 일입니다. 다양한 색과 향을 지닌 아이들을 주어진 색과 향으로 바꾸는 일입니다.

적응은 자신을 잃고 '나'와 '너'의 독특함 없는 '하나'의 획일적인 모습으로 바뀌게 되는 일입니다. 적응이 되었다는 말은 자신의 모습을 잃었다는 말이기도 합니다. 아이들에게 제공된 환경은 하나이기 때문입니다.

다양성이 사라지고 독특함을 찾을 수 없는 것은 당연한 수순입니다. 생물학에서는 적응을 생물이 주위 환경에 적합하도록 형태적·생리학적으로 변화하는 것이라고 설명합니다. 심리학에서도 주위 환경과 생활의 조화라는 의미로 적응을 말합니다.

그렇다면 아이들에게 적응을 요구하는 것이 옳은 일일까요?
학교의 몫은 아닐까요?
학교가 아이들에게 적응해야 하는 것은 아닐까요?
아이들 하나하나를 있는 그대로 인정하고 수용해야 하는 것은 아닐까요?

학교는 아이들의 다양한 요구에 응답할 준비가 되어 있어야 합니다. 아이들의 요구에 귀 기울이는 것, 그리고 그들의 요구에 지체 없이 응하는 것, 그것이 학교의 본분이고 사명입니다. 학교는 아이들의 성장에 필요한 모든 필요를 제공해야 합니다. 어른의 욕구만을 나열해놓고 그 욕구에 적응할 것만을 강요하는 것, 주어진 것에 맞추어 네가 알아서 생활하라는 것은 비교육을 넘어 폭력이고 비인간적 처사입니다.

학교는 아이들의 삶의 터전입니다. 농부는 농토에서 꿈을 꾸고 희망을 일굽니다. 어부의 희망은 바다에 있습니다. 농부가 밭을 떠날 수 없고, 어부가 바다를 토대로 삶을 일구듯, 학생은 학교라는 터 위에 꿈의 씨앗을 뿌리고 가꾸어 갑니다. 학교는 아이들의 성장을 지지해야 합니다.

학교에 적응을 요구할 것이 아니라, 학교가 아이에게 적응해야 합니다. 아이들의 성장 요구에 맞는 환경으로 끝없는 변화를 추구해야 합니다. 학교는 아이들의 요구에 바로바로 응답할 수 있는 역량을 갖추어야 합니다.

옮겨가는 학교는 민준이를 반겨줄까?
적응해야 할 또 다른 틀은 아닐까?

학교는 아이들의 삶을 규정합니다. 아이들의 삶의 내용을 규정하고 삶의 방식을 제한합니다. 어디엘 가든 교복을 입은 아이들의 삶은 천편일률입니다. 너와 나의 특별함이 없습니다. 고유함도 독특함도 찾기 어렵습니다.

같은 것을 생각하고, 같은 것을 행하고, 같은 것을 보고 듣기를 요구받기 때문입니다. 아이들로서는 학교의 요구로부터 벗어날 방도가 없습니다. 학교에 머무는 동안 아이들은 고유함을 잃고 학교의 요구대로 하나의 모습으로 만들어집니다.

특별함은 틀의 벗어남입니다. 틀은 '너'와 '나'의 특별함을 인정하지 않습니다. 그리고 하나의 모습으로 획일화시킵니다. 교육은 '너'가 아닌 '나'의 독특함을 발견하고 성장토록 하는 일입니다. 그런 의미에서 하나의 틀로 고정된 것만을 보고, 듣고, 행하게 하는 것은 교육일 수 없습니다.

틀을 철폐하고 아이들이 지니고 있는 다양한 모양의 삶을 허용하는 학교를 기대할 수는 없는 걸까? 민준이가 계속 교복을 입을 수 있는 길은 아이들 각자가 '자신다움'을 마음껏 드러내면서 스스로의 삶의 방식을 만들어 갈 수 있는 틀 없는 학교를 만나는 것이라는 생각이 듭니다. '너다움'을 버리고 보편적이고 천편일률적인 '학생다움'의 틀을 고수하는 한, 민준이는 교문 밖에서 서성일 수밖에 없을 겁니다.

"가장 큰 책임은 민준이에게 있다고 봐요."
"적응하려는 의지가 약했던 것이 큰 원인이 아닌가 해요."
"민준이는 쟤들과 달라요."

자습 중인 아이들을 눈으로 가리키며 던진 교사의 말입니다. 선생님의 말 속에는 다른 아이들과 함께 걷는 길을 거부하는 민준이에 대한 섭섭함이 진하게 묻어납니다. 말을 마치고 돌아서는 교사의 얼굴에 잔잔한 미소가 스칩니다. 숨죽인 채 자습하는 아이들의 모습이 마음에 들어서일까요.

6장

제도/정책의
위협에서 벗어나기

교육은 인간의 존엄성을 존중하는가?

교육정책은 아이들의 존엄성을 존중하는가?

아이들이 두려움을 느끼는 정책은 아닐까?

아이들의 존엄성에 상처를 내는 정책은 아닐까?

아이들이 인간이 아닌 상품으로 인식되고 인간이 아닌 상품 만들기를 위한 정책은 아닐까?

입시제도는 아이들의 존엄성을 존중하는 방식인가?

입시제도가 행여 아이들의 존엄성을 짓밟는 장치는 아닐까?

절망과 공포와 굴욕 속에서도 자신의 성장에 대한 신념으로

용기를 잃지 않으려 애쓰는 아이들의 육성을 들어 본 적이 있는가?

정말로
중요한 것인가

"이것 좀 한 번 보세요."

영상물은 영국인이 우리나라 아이들이 치르는 수능 영어 문제를 푸는 내용이었습니다. 영상물 속 한 외국인이 또 다른 외국인에게 문제를 지목합니다.

"저게 무슨 뜻이야?"

수능 영어 지문을 본 영국인이 탄식합니다. 물론 그가 모를 수 있습니다. 영국인이라고 모든 문제를 다 맞힐 수는 없을 겁니다. 모든 한국인이 수능 국어영역 문제를 모두 맞힐 수 없듯이 말입니다.

그러나 원어민이 힘겨워하는 문제를 우리 아이들이 풀 수 있어야 하느냐 하는 것은 생각해볼 문제입니다. 국어는 우리 문화이니 그럴 수 있다손 치더라도 말입니다.

수능 문제를 체험한 영국인의 놀라운 반응은 계속됩니다. "내가 이런 시험을 봐야 한다면 영어가 싫어질 것 같다."라고 소리치자 옆에 있던 또 다른 영국인은 이미 싫어졌다며 손을 내젓습니다. 그러면서 멘붕(멘탈 붕괴) 직전이라는 말을 덧붙입니다.

그리고 한 문제가 더 남았다는 말에 싫다는 말을 반복합니다. 그만하겠다며 뒤로 물러섭니다. 단 두 문제를 접하고 두 손을 듭니다. 거부하고 싫증까지 냅니다. 단 두 문제에 말입니다. 그리고 한 문제 더 풀어보자는 말에 진저리를 칩니다. 그리고 지쳐 의자 뒤로 쓰러지면서 소리칩니다. "세 문제가 나를 이렇게 만들었어!"

지친 동료에게 한국 경험이 많은 또 다른 친구가 그들을 다독이면서 한 마디 합니다. "이게 한국 학생들의 삶이야! 매일 새벽 두 시까지 이걸 푸는 연습을 한다고. 영어를 쓰지도 않는데…" 그러면서 덧붙입니다. "돌아버릴 수 있을 것 같지 않아? 이걸 공부하려면?"

"뇌가 막 터질 것 같아요."

한 문제를 더 풀고 나서 그들이 던진 최후의 말입니다. 그들이 던지는 한 마디 한 마디마다 진한 고통이 묻어납니다. 이 영상물을 보고 우리 아이들이 딱하다는 생각이 들었습니다. 단 몇 문제, 그것도 자신들이 늘 사용하는 자기들의 언어 문제를 체험한 이들의 반응을 보면서 우리 아이들의 삶이 얼마나 견디기 어렵고, 고통스럽고, 힘겹고, 괴로운지 생각하게 됩니다. 이러한 문제는 비단 영어만의 문제는 아닙니다. 수학이나 국어, 그 외 다른 과목들도 마찬가지라는 생각이 듭니다.

문제에 대한 앎의 가치가 궁금해집니다. 그러한 내용에 대한 지식과 풀이 능력이 아이들이 꾸려갈 삶과 어떤 관련이 있을까? 그러한 능력이 아이들의 꿈을 이루고 아이들이 걷는 길에 얼마나 힘이 될까? 그렇게 수년 동안 아이들을 문제 풀이 기계로 만들어야 할 만큼 가치를 지니는 내용이고 방식일까? 이에 대한 분명한 설명이 필요하다는 생각이 듭니다. 무조건 '이것을 알아야 네가 원하는 대학에 입학할 수 있는 기회를 주겠다.'라는 협박식 교육은 이제 막 시작한 아이들의 삶을 쉬 지치게 만들 뿐입니다.

한 문제로 당락이 좌우되고, 대학이 인간의 가치를 매기고, 삶의 성공 여부를 판단하는 잣대로 작용하는 현 시점에서 아이들에게 요구하는 각종 앎의 내용과 풀이 능력, 각종 기능들을 요구하는 이유에 대한 명쾌한 설명이 필요합니다. 합리적이고, 인간적이고, 교육적인 이유 없이 무조건 알아야 하고, 풀어야 하고, 할 줄 알아야 한다는 식의 요구라면 진정 아이들의 삶을 위한 방향으로의 대대적인 교육 혁명이 필요합니다.

잠깐의 체험으로도 싫어질 정도의 문제를 우리 아이들은 수년에 걸쳐 수 없이 풀고 또 풉니다. 아니 풀어야 합니다. 그리고 수 없이 많은 한숨과 눈물을 쏟아냅니다. 무엇을 위한 한숨이고 눈물인지, 수많은 문제 앞에서 아이들이 고통의 한숨을 토해야 하는 이유는 무엇인지 적어도 아이들 자신은 알아야 하지 않을까요?

자신이 흘리는 눈물의 의미를, 한숨의 가치를, 쏟아 붓는 수많은 시간의 가치를 당사자인 아이들은 알아야 합니다. 보고 싶고, 듣고 싶고, 가고 싶고, 하고 싶은 모든 것을 포기하고 책상에 붙어 있는 자신에게 이렇게 해야 하는 이유를 말할 수 있어야 하는 것은 아닐까요?

수능 문제 세 문제를 풀고 난 후, 스트레스로 손이 막 떨린다는 영국인들의 반응을 보면서 우리 아이들이 이러한 고통으로 무엇을 얻을 수 있을지, 고통의 보답은 무엇일지, 무엇이어야 하는지 먹먹해집니다. 영국인들이 던진 말이 가슴에 남습니다.

"비록 지금 시험이 세상에서 가장 중대한 일이고, 인생을 결정할 거라는 생각이 들지만, 시험이 여러분을 정의하지 않아요. 인생은 길고 수능 시험 뒤에도 훨씬 더 많은 것들이 기다리고 있어요."

그러나 이 말에 쉽게 공감할 수 없다는 것이 슬픕니다. 수능 시험 뒤에 기다리는 수많은 삶의 사건들이 수능과 질기게 연결되고, 수능 성적으로 존재 가치가 결정되는 우리 아이들의 현실에서 수능보다 앞세울 것이 선뜻 떠오르지 않기 때문입니다.

그들의 말은 계속됩니다. "정체성은 신의 선물이에요. 쟁취해야 하는 게 아니라…. 신은 여러분을 아름답고 소중하다고 여기세요. 그리고 사랑하세요. 여러분은 자신이 누구인지를 시험이나, 다른 사람들이 하는 말에 기반을 두지 마세요. 여러분은 이미 사랑받고 있는 아름다운 존재거든요."

시험 체험을 마친 한 영국인 교사는 묻습니다. "이런 시험으로 어떤 능력을 증명할 수 있을까요?" 또 다른 교사는 "내 머리 속에서 계속 맴도는 질문은 도대체 '왜?'냐는 겁니다.", "학생들이 안쓰럽네요."라는 말을 남깁니다.

아이의 아름다움을 가리고 가치를 훼손하는 것은 어른의 욕심입니다. 아이의 삶에 어른의 삶을 접붙여 아이의 몸에서 어른의 욕심이 자라게 합니다. 아이의 꿈이 자라고 맺혀야 할 자리에 어른의 꿈과 욕심이 주렁주렁 열립니다. 이렇게 아이는 서서히, 있으나 없는 존재가 되어갑니다.

학생은
왜 침묵하는가

'그냥 참고 견디게 되고….'

아이들은 하고 싶은 일이 많습니다. 마음에 담아둔 말도 셀 수 없습니다. 그러나 다 할 수 없습니다. 그냥 참고 넘기는 것이 상책이라는 생각 때문입니다. 어른들에게 이야기하면 무조건 안 된다는 반응이 뻔하기에 마음에만 쌓아 둡니다. 무슨 말만 하면 인상 찌푸리고, 목청 돋우는 모습도 아이들을 침묵하게 하는 이유입니다.

아이들은 매일 지적을 받습니다. 아이들은 질책의 대상입니다. 무엇을 잘못하고 있는지, 잘 모르는지 책망을 듣습니다. 아이들은 무엇이든 잘 모르고 잘 못합니다. 또 그럴 가능성을 늘 지닌 존재들입니다. 아이들은 언제 어디서든 문제를 일으킬 수 있는 위험한 존재입니다. 그래서 감시를 소홀히 할 수 없습니다. 무엇이든 하지 못하도록 막는 것이 상책입니다. 이것이 질책에 대한 어른의 변입니다.

그러나 잘하고, 좋아하고, 잘할 가능성은 누구에게나 있게 마련입니다. 따라서 교육은 잘하는 것, 잘 아는 것, 그리고 잘하고 잘 알 가능성에 주목해야 합니다. 아이들은 무한한 가능성의 존재입니다. 눈앞에 드러난 부분만으로 아이들을 판단하고 평가하여 '무능', '무지'라는 낙인을 찍는 것은 인간을 욕되게 하는 일입니다.

아이의 가능성에 눈을 돌려야 합니다. 잘 못하고, 모르고, 약한 부분만을 바라보고 질책하던 시선을, 좋아하고, 잘할 수 있는 부분으로 돌려야 합니다. 그래서 아이들이 스스로 자신의 생활에 만족을 느끼고, 자신의 삶을 이끌어갈 만한 능력을 지니고 있고, 자신의 꿈을 성취할 능력이 있다는 사실을 깨닫게 해야 합니다.

교육의 사명은 아이들을 행복하게 해주는 일입니다. 그러기 위해서는 아이를 있는 그대로 인정해주어야 합니다. 그리고 타인의 이익을 해하고, 타인에게 고통을 주지 않는 한 무엇이든 할 수 있도록, 아이들이 지닌 모든 재능을 드러낼 수 있도록 허용해야 합니다.

스스로를 드러낼 때, 스스로의 눈으로 세상을 보고, 스스로의 힘으로 세상을 듣고, 스스로의 힘으로 세상을 걸을 때 삶의 의미는 확장됩니다. 아이의 행복은 아이 스스로의 힘으로 얻는 겁니다. 어른의 눈으로 보고, 어른의 귀로 듣는 것으로 얻는 즐거움은, 어른의 즐거움을 조금 얻는 것일 뿐 아이만의 참된 즐거움과는 거리가 멉니다.

아이의 행동 하나하나를 응원해야 합니다. 아이들이 자유롭게 세상을 향해 뛰어오를 수 있도록 해야 합니다. 질책과 나무람은 아이들의 삶에 커다란 장애입니다. 아이를 향한 질책을 멈출 때 아이는 비로소 날개를 펴고 창공을 향해 날아오릅니다. 어른의 질책과 나무람은 아이들을 움츠리게 하고, 엄청난 가능성을 땅에 묻게 합니다. 아이를 무능인으로 만드는 것, 그것이 질책이고, 나무람입니다.

교육이라는 이름으로 행해지는 질책이 아이들에게 모멸과 수치를 먼저 가르치는 것은 아닌지 돌아보아야 합니다. 질책과 나무람은 인간으로서 가져야 할 최소한의 존엄성마저 외면합니다. 그리고 수치와 모멸감을 부릅니다. 수치와 모멸감 그것이 학생으로 살아가기 위해 감당해야 할 아이들의 당연한 몫인지 묻고 싶습니다. 아이들에겐 가슴 아픈 날들의 연속입니다.

교사가 아니라 '교사 같은' 사람들이 교단에 서고, 교육이 아니라 '교육처럼' 보일 만한 일들이 교육 과정을 장식할 때 아이들의 아픔은 사라지지 않습니다. 오스트리아 건축가 아돌프 로스(Adolf Loos)는 그의 저서 『장식과 범죄(Ornament und Verbrechen)』에서 '장식은 죄악이다.'라고 말합니다. 이 말은 교육에도 그대로 타당합니다. 교육 과정은 장식이 아닙니다. 교육 과정은 아이들의 능력을 발굴하고 성장을 돕기 위한 인간적이고 윤리적이며 과학적인 장치입니다.

뿐만 아니라 그는 대중의 수준이 낮을수록 장식을 원한다고 말합니다. 장식에 의존하는 아름다움이 아니라 사물의 형태에 담긴 아름다움을 추구할 것을 역설한 겁니다. 교육도 이 말에 귀 기울일 필요가 있습니다. 장식에 의존하는 교육이 아니라 아이들의 특성에 담긴 아름다움을 추구해야 한다는 점에서 그렇습니다. 그것이 아이의 행복이라는 교육의 실제 목적과 부합하는 일이기 때문입니다.

교육 과정은 아이들의 행복, 혹은 더 좋은 삶을 좀 더 실천 가능한 방식으로 접근하자는 겁니다. 아이의 행복은 아이의 특성을 있는 그대로 드러낼 수 있을 때 가능한 일입니다. 방법은 나쁜 것, 불편한 것, 불필요한 것, 싫은 것을 분명하고도 구체적으로 정의하고 하나씩 제거해 나가면 됩니다. 나쁘지만, 불편하고 불필요하지만, 참고 견딜 때 교육은 길을 잃고 아이들의 삶 역시 방황하게 됩니다.

좋은 교육은 과한 장식을 하지 않는 겁니다. 그리고 나쁜 것, 불필요한 것을 줄이는 겁니다. 인내와 침묵이 더 이상 학생다움을 위해 아이들이 가슴에 새기고 지켜야 할 덕목이 아니길 바랍니다.

피로 세대

"지금이 제일 좋은 때래요. 엄마도 그러시고 선생님들도 툭하면 하시는 말씀이에요."

조금이라도 불평을 늘어놓고, 투덜대기라도 하면 으레 지금이 좋은 때인 줄 압니다. 그런데 솔직히 아이들은 그 좋다는 말을 이해하기 어렵습니다. "너희 때가 제일 좋은 때"라는 어른의 말이 무슨 말인지 도통 알 수 없습니다.

대한민국에서 청소년으로 살아간다는 것이 얼마나 고통스럽고 힘에 겨운 일인지 알고나 하는 소린지 짜증이 앞섭니다. 매일 매일이 고통이고, 아픔이고, 한숨인데 제일 좋은 때라니 무슨 말일까요? 하루라도 빨리 벗어나고 싶은 날들뿐인데요. 좋은 때라면 왜 벗어나고 싶은 마음이 쉼 없이 솟아날까요? 정말 죽고 싶을 만큼 하루하루가 고통일 뿐인데요.

좋은 때라는 말을 아무 거리낌도, 미안함도 없이 아이들 앞에 그리 쉽게 내놓을 수 있는 어른의 마음이 궁금합니다. 그렇게 말하는 어른의 마음은 무엇으로 어떻게 이루어져 있는지 그 구조가 궁금합니다. 그 마음에 아이들의 자리가 마련되어 있기는 한지도 궁금하고요.

그렇게 아무렇지도 않게 말하는 것을 보면 어른의 마음에 아이의 자리는 없는 듯합니다. 있다면 결코 아이들이 짊어진 고통의 짐에 또 다른 짐을 얹지는 않을 테니까요. 상처가 아물 겨를도 없이 매일 새로운 상처가 생겨나서 고통 받는 아이들의 상처를 덧나게 하지는 않을 테니까요.

적어도 요즘 아이들이 느끼는 학생 시절은 좋은 때가 아닙니다. 지금 아이들은 가난한 시절을 보내고 있습니다. 하루하루 겨우 연명하는 수준입니다. 있는 것이 없습니다. 지금 아이들에게는 시간도 없습니다. 몸도 마음도 갇힌 채입니다. 만날 수도, 말할 수도, 마음껏 움직일 수도, 마음 편히 먹을 수도, 잠조차 편히 잘 수도 없습니다. 있는 것이라고는 오직 하나 무겁게 짓누르는 고통의 가방이 전부입니다.

교문을 들어서는 시간도 나오는 시간도 정해져 있습니다. 앉아야 할 자리도, 함께 앉을 짝도 선택할 수 없습니다. 수업도 지정된 과목을, 지정된 교사에게, 지정된 시간에, 지정된 방식으로, 지정된 장소에서, 지정된 사람들과 받아야 합니다. 무엇하나 자유롭게 할 수 있는 것이 없는 시절입니다.

묶어 놓고, 가두어두고 좋은 때라니 어이가 없습니다. 어른들이 버릇처럼 하는 좋다는 말이 무슨 의미인지 모르겠습니다. 말은 듣는 이를 위한 겁니다. 어른이 하는 '좋음'은 어른이 아닌 아이들의 '좋음'이 되어야 합니다. 아이들의 이해력 부족을 탓하기 전에 정말 벗어나고 싶지 않은, 하루하루 흐르는 것이 안타까운 '좋은 시절'이 되도록 만들어주려는 노력이 필요합니다.

과제가 아이들을
지치게 한다

첫 시간부터 얼굴을 묻는 아이들이 눈에 띕니다.

"피곤한가 보구나."

교사의 목소리에 아이들이 하나 둘 허리를 폅니다. 그러나 얼굴은 여전히 책상을 향합니다. 잠자는 모습만 바뀌었을 뿐 아이들의 수면은 계속됩니다.

"과제가 많아서 밤샘을 했어요."

간신히 고개를 든 서연이가 피곤한 아이들의 입장을 대변합니다. 야간 자율학습을 마치고 집에 가면 잠자기도 벅찬 시간인데 학교에서 부여받은 개별 과제, 조별 과제에 인터넷 강의로 보충학습까지 하려면 밤을 새도 부족하다는 것이 아이들의 하소연입니다.

아이들은 서비스 맨이다

아이들의 삶은 자신들을 위한 삶이 아닙니다. 무엇을 위한 고생인지도 분간하기 어렵습니다. 누군가를 위한 삶을 대신 살아가는 느낌입니다. 자신을 위한 삶이라면 결코 이렇게 살지 않을 것이 뻔하기 때문입니다. 하루하루 주어지는 시간도 마찬가지입니다. 아이들의 시간은 아이들을 위한 시간이 아닙니다. 오직 어른들의 요청을 들어주기 위한 어른을 위한 시간일 뿐입니다.

아이들에게 아침은 결코 상쾌하지 않습니다. 떠오르는 태양도, 뺨을 스치는 바람결도, 길가에 핀 꽃도 아이들의 마음을 달래주지 못합니다. 오늘은 또 어떤 과제가 기다리고 있을지 두려울 뿐입니다. 아이들에게 아침은 불안합니다. 결코 맞고 싶지 않은 시간입니다. 몸이 천근만근 무겁습니다. 몸이 아침밥을 허락하지 않습니다. 마음도 불편합니다. 이것이 "얼굴 좀 펴라."라는 부모님의 말씀에 짜증이 앞서는 이유입니다.

부모님의 따뜻한 배웅도 부담스럽기만 합니다. 따뜻함 뒤에 숨겨진 기대가 무겁게 어깨를 짓누르기 때문입니다. 언제쯤이나 아침 햇살이 정겹고 부모님의 말씀에서 온기를 느낄 수 있을까요? 집을 나서는 발걸음이 가볍고, 세상이 온통 아름답게 보일지요.

그런 날이 오기는 올까요? 불안하고 떨리는 마음이 진정되지 않습니다. 선생님을 만나는 것이 두렵고 세상이 무섭습니다. 부모님이, 그리고 선생님이 두려운 것은 끊임없이 주어지는 과제 때문입니다. 과제는 어른이 만들어놓은 길을 어른의 생각대로 걷기를 요구합니다. 아이들은 자신의 길을 스스로 만들어가는 그 길의 주인공이어야 합니다. 길은 자신의 발로 내야 하는 겁니다. 새로운 길을 내는 것은 건강하지 못한 아이들이나 하는 짓으로 위험한 일이라 가르치고, 어른의 발자국만 따르라는 식의 요구는 아이를 스스로의 힘으로 걸을 수 없는 불구로 만드는 일입니다.

과제는 아이들의 성장을 위한 과제여야 합니다. 아이들이 과제에서 고통을 느끼는 것은 어른의 생각을 좇고, 어른의 요구를 담아야 하는 경우입니다. 아이들의 고통은 이 지점에서 생겨납니다. 자신의 삶에 자신의 요구를 담지 못하는 삶이 어떤 의미가 있을까요?

과제가 아이들의 자아실현을 위해 중요하다고 어른들은 말하지만, 실제 현실은 아이들의 자발적이고 창조적인 과제보다는 도구화되고, 명령에 따르고, 주어진 과제를 기계적으로 수행하게 되기 일쑤입니다. 어른이 부여한 과제가 중요하고 가치 있는 것으로 여길 만한 심리적, 시간적 여유가 없습니다.

아이들에 대한 고려 없는 과제 부여는 어른이 해결해야 할 과제를 아이에게 맡긴 것에 불과합니다. 아이들에게 요구하기 전에 아이들의 필요에 먼저 귀 기울여야 합니다. 아이들에게 기대하기 전에, 아이들이 거는 기대를 먼저 생각해야 합니다. 아이들에게 무엇을 어떻게 해주기를 기대하고 요구하기 전에 아이들이 원하는 일이 무엇인지 생각해야 합니다.

어른들은 자신들의 입을 열기 전에 아이들의 소리에 귀를 기울여야 합니다. 아이들의 볼멘소리에 귀 기울이지 않고 "시키는 일이나 열심히 해."라고 어른의 목소리만 키우고 강요하는 것은 아이들을 기계로 인식하는 태도와 다르지 않습니다. 어떤 지시라도 저항하거나 반발하지 않고 명령대로 움직이는 기계 말입니다.

과제의 정당성 여부를 아이들 스스로 판단하고 평가할 수 있도록 해야 합니다. 부당한 과제에 대한 저항을 허용해야 합니다. 불합리하고 부정의한 과제에 대한 불복과 저항을 인정하고 보호할 때 아이들은 성장합니다. 아프고 고통스러운 교육에서 모두가 행복한 교육으로 가려면 무엇을 더하게 할지가 아니라 지금껏 해오던 교육에서 무엇을 하지 않아도 좋을지부터 고민해야 합니다. 아이들의 성장을 짓누르고 있는 불필요한 과제는 없는지 살펴야 합니다.

『불행 피하기 기술(Die Kunst des Guten Lebens)』에서 롤프 도벨리(Rolf Dobelli)는 행복한 삶을 위해서는 행복의 반대에 있는 요소들을 하나씩 제거하면 된다고 말합니다. 교육도 행복한 교육을 가로막고 있는 요인들을 제거하면 행복해지지 않을까 싶습니다. 아이들을 불편하게 하는 불필요한 과제를 모두 제거하자는 이야기입니다.

아이들의 삶에 대한 어른들의 관심만이 아이들이 기계로 변하는 것을 막을 수 있습니다. 저항 없이 기계처럼 움직이는 기계 인간을 원하시나요? 과제가 아이를 위한 것이지 어른을 위한 것이 아니라는 과제의 기본이 지켜지면 좋겠습니다.

다름을 인정하면
특별해진다

'어쩜 이렇게 색깔도 곱고, 크기도 똑 고르고, 벌레 먹은 놈 하나 없을까?' 마트 판매대에 진열되어 있는 농산물을 볼 때마다 드는 생각입니다. 울퉁불퉁하고 크기도 제각각이고 색깔도 다르고 벌레 먹은 자국도 여기저기 있는 과일이나 농산물은 거의 볼 수 없습니다. 마치 찍어낸 듯 반듯반듯 합니다. 작은 상처 하나 찾을 수 없습니다. 빛깔도 현란합니다. 그러한 과일이나 채소들이 플라스틱 포장 안에 질서정연하게 담겨 있습니다. 그 어떤 '다름'도 허용하지 않으려는 듯 위압적입니다.

다름은 자연의 이치입니다. 그리고 아름다움의 조건입니다. 모두가 한결같을 때 자연은 아름다움을 잃습니다. 사회도 발걸음을 멈춥니다. 자연이 진화하고 사회가 발전하는 것은 다양함에서 나오기 때문입니다.

교육에서 개성을 강조하는 것은 그래서 교육적이고 인간적 구호입니다. 개성을 빈껍데기 선전 문구로만 부르짖고, 어른이 짜놓은 획일화와 규격화된 틀을 통과하기만을 강요할 때 아이들은 그들만의 '꼴'인 개성을 벗고, '너'와 '나' 서로를 구분할 수 없는 모두 '한결같은' 존재가 되어버립니다.

아이들은 다양합니다. 어른은 다양함에 주목해야 합니다. 아이의 특별함을 발견하고 특별함에 관심을 기울여야 합니다. 아이들마다 지니고 있는 각자의 특별함을 인정하는 것, 그것은 교육의 의무입니다. 그런데 아이의 다양함은 어른들의 눈에는 그리 마뜩치 않습니다. 어른들은 하나같이 한결같기를 바라기 때문입니다.

요즈음은 소위 튀는 아이들을 찾아보기가 쉽지 않습니다. 튀는 순간 어른들은 그들의 손에 들려 있는 욕망의 망치로 두더지 잡듯 내려치기 때문입니다. 아이들의 서로 다른 생각과 능력이 자연스레 섞이고 부딪힐 때 창조성은 발휘됩니다.

그러나 어른들의 손길을 거치는 동안 아이들의 독특함은 자취를 감춥니다. 생각과 능력은 어른의 것으로 대체됩니다. 어른들의 손길로 아이들은 어른의 마음에 담기 좋은 모습으로 다듬어집니다. 어른들의 바람대로 한결같은 아이들이 되어 갑니다.

자신의 모습을 없애기 위해 서로를 모방합니다. 서로의 독특함을 부숴버리고 서로 같은 아이들이 되어갑니다. 자연이 부여한 천

부적 능력들이 그대로 섞이고 흩어지고 스러집니다. 한 사람 한 사람에게 주어진 다종다양한 하늘의 선물이 어른의 뜻이 오롯이 새겨진 새로운 모습으로 재탄생됩니다.

하나같이 똑같은 아이들의 모습에 어른들은 흡족해합니다. 아이들 각자가 지닌 독특한 '꼴'을 읽을 수 있어야 합니다. 그리고 수용하고 인정해주어야 합니다. 그리고 잘 자라 열매 맺을 수 있도록 도와야 합니다. 그것이 교육이고 어른의 역할입니다. 아이들의 삶에 어른의 욕구를 담으려는 시도는 아이의 욕구를 해치는 폭력적 욕망입니다.

'우리는 다른 사람과 똑같이 되기 위해서 자기 자신의 4분의 3을 잃어버린다.'라고 쇼펜하우어(Schopenhauer)는 말합니다. 행여 우리는 각양각색의 아름다움을 지닌 아이들을 모두 똑 같은 아이로 만들기 위해 아이들의 '다름'을 교육이라는 이름으로 교정하고 빼앗고 있는 것은 아닌지요?

의무적 공부는
공부 강박을 부른다

"요즘 애들 큰일이에요. 이렇게 공부해서 뭘 어쩌려고 그러는지 모르겠어요. 대학이나 갈 수 있을는지, 원."

그렇게 공부하라고 얘기하고 과제를 내도, 듣는 둥 마는 둥 반응이 없다면서 하시는 선생님들의 말씀입니다. 수업 중 졸고 심지어자는 녀석들마저 있다면서 큰일임을 거듭거듭 강조합니다.

'도(道)를 아는 것은 좋아하는 것만 못하고, 도를 좋아하는 것은 즐거워하는 것만 못하다.'라고 공자는 말합니다. 조선 후기 실학자인 최한기는 즐거움은 좋아하는 마음이 강할 때 나타나는 감정이라고 말합니다. 공부가 숙제가 되고 의무감으로 주어질 때 좋아하는 기분이 생길 리 없습니다. 공부가 즐거울 수 없는 이유입니다. 공부를 해야 할 이유를 잘 알고 좋아하는 아이들일지라도 공부가 부담으로 작용하면 재미나 즐거움은 줄어들게 마련입니다.

공부를 해야 한다는 의무감이 아이들을 공부로부터 멀어지게 합니다. 성적을 끌어 올려야 한다는 사실을 아이들의 과제로 제시할 때 아이들은 책을 펼칠 기운을 잃습니다. 공부하기 싫어하는 아이들은 자신에 대한 애정이 부족하고 미래를 포기한 아이로, 성적이 낮은 아이들을 불성실한 아이로 매도할 때 아이들은 공부로부터 등을 돌립니다.

"너도 열심히 노력하면 공부 잘할 수 있다.", "너도 노력하면 성적이 오를 수 있다."라고 성적이 낮은 아이들에게 쉽게 하는 어른의 말은 성적이 낮은 아이들에게 용기를 주기보다 오히려 '나는 노력이 부족한 아이구나.'라고 자책하게 만듭니다. 성적이 낮은 것은 해결해야 할 문제가 아닙니다. 해결해야 할 문제는 낮은 성적을 문제로 바라보는 어른의 시선입니다. 모든 아이들이 모든 분야를 모두 이해하고 잘하기란 쉬운 일이 아닙니다.

아이들에게 관심도 없고, 능력도, 흥미도 없는 내용을 주고 해결을 요구하면 아이들은 능력을 발휘할 재간이 없습니다. 그 능력으로 성적을 매기면 성적이 낮은 것은 뻔합니다. 못하는 것을 못한다고 윽박지르는 것은 폭력에 가깝습니다.

누구에게나 좋아하는 일이 있습니다. 그것을 찾아 제시하면 아이들은 어른이 그토록 염원하는 높은 성적을 얻을 수 있습니다. 아이들이 잘할 수 있는 분야를 함께 찾고, 좋아하는 일을 할 수 있도록 기회를 주는 것이 어른의 역할입니다.

지니고 있는 능력이 발휘되지 못하는 것은 그 이유를 찾아 제거해서 능력을 잘 발휘할 수 있도록 도울 수 있는 일이지만, 아이에게 없는 능력을 발휘하지 못한다고 문제로 바라보는 것은 문제 있는 시각입니다. 문제적 관점은 문제 해결은커녕 오히려 아이들로 하여금 가족과 같은 주변인들에게 미안하다는 죄책감에 시달리게 하거나, 아이들의 자존감 훼손이라는 새로운 문제를 야기할 뿐입니다.

교육은 아이들이 지니고 있는 어둠 속에 감추어진 잠재된 힘에 빛을 비춰주는 일입니다. 그리고 그 잠재력은 책 속에서만 발휘되는 것이 아닙니다. 책은 때로 아이들의 잠재력의 실현 가능성을 가두는 감옥이 되기도 합니다. 다채로운 경험 속에서 아이들의 잠재력은 깨어납니다. 교과서 밖 현실에서 부딪히는 수많은 경험과 도전이 아이들의 잠재력을 자극하고, 잠재력은 세상 밖으로 드러납니다.

좋은 교사는 현실의 악조건 속에서도 아이들 안에서 살아 꿈틀대는 무한한 잠재력과 그의 실현 가능성에서 빛을 거두지 않는 존재입니다. 필요한 교육은 아이 한 명 한 명 힘겹고 고통스러운 세상을 견딜 수 있게 하는 잠재력 발현 가능성에 대해 신뢰의 손길을 보내는 일입니다.

좋은 교육은 입시라는 무거운 짐을 지우고 현실의 고통을 견디라고 요구하는 것이 아니라, 깊이 잠들어 있는 앎에 대한 본질적 감정을 흔들어 깨우고 잠재된 힘에 대해 관심을 기울이는 것입니다. 이러한 신뢰의 손길이 아이들을 책상 앞으로 이끄는 힘이 됩니다. 어렵고 힘겨운 공부, 그래서 정말 하기 싫은 공부엔 '의미'가 있어야 합니다.

돈,
아이들의 꿈을 품다

'취업, 돈.' 학교를 선택하고, 전공을 정한 이유를 물었을 때 돌아오는 아이들의 대답은 한결같습니다. 돈이 아이들의 몸과 마음을 잠식해 주인으로 군림한 것은 그리 놀랄 일은 아닙니다. 사회 곳곳에 스며 있는 돈의 향기를 맡으며 자라난 아이들이기에 어찌 보면 당연한 일입니다.

"취업이 어려울 것 같아서요. 대학 졸업 후에도 경제적으로 부모님께 의존할 수는 없잖아요. 바로 취업해서 돈을 벌지 않으면 힘들어져요. 집안 형편이…."

서연이는 취업을 택합니다. 돈이 중요하기 때문입니다. 평소에

그렇게 하고 싶다고 입버릇처럼 말하던 전공을 버린 이유가 돈에
있습니다.

"돈 벌고 나중에 하면 되죠 뭐."

돈을 택한 서연이의 변입니다. '나중에….' 자신의 삶을 돈 이후
로 밀어냅니다. 돈을 앞세울 수밖에 없는 현실에 마음이 아픕니다.

돈을 품고 사는 아이들

언제부턴가 자본주의는 종교가 되었습니다. 그리고 모든 인간은
신도가 되었습니다. 그것도 독실한 신도가 말입니다. 인간들의 삶
은 돈을 향합니다. 돈을 모시고 삽니다. 돈이 행복을 가져다준다고
믿습니다. 돈이 길이고 진리고 생명입니다.

아이들도 그 길의 일원이 되어 갑니다. 돈을 통해 사회를 보고,
돈을 매개로 관계를 맺고, 돈으로 인간을 평가하고, 돈으로 움직이
는 세상에서, 돈을 위한 삶을 추구하는 어른을 통해 삶을 배웁니
다. 돈으로 길러지고 자라난 아이들의 눈이 돈을 향하고, 그들의 마
음에 돈을 간직하고, 돈에 관심과 애정을 보이는 것은 결코 이상할
것도, 탓할 일도 아닙니다.

애당초 아이들에게는 종교 선택의 자유가 주어지지 않습니다.

돈을 믿고 따르는 부모의 신앙이 아이들의 신앙으로 자리 잡는 것은 어찌 보면 자연스러운 수순입니다. 돈을 믿지 않는 것이 오히려 자녀다움을 잃는 옳지 못한 태도입니다. 부모의 뜻을 거스르는 일일 테니까요.

어른들이 삶을 소비하는 공간은 어디든 자본이 지배합니다. 나와 너, 나와 그것 사이에는 어김없이 돈이 매개가 됩니다. 돈 없는 관계는 없습니다. 관계는 돈이 지배합니다. 돈으로 관계를 맺고 돈으로 관계가 흐트러집니다.

돈을 믿고 좇는 어른들의 삶은 그대로 아이들의 삶이 됩니다. 이것이야말로 아이들이 삶을 돈에 투자하는 것이 낯설지 않은 이유이고, 더욱이 나무랄 마음조차 먹을 수 없는 까닭이 여기에 있습니다. 아이들이 스스로를 자본 획득에 유리한 상품으로 만들기 위해 밤낮 없이 삶을 소비하는 것을 그저 바라볼 수밖에 없고, 오히려 박수로 격려를 해야 하는 이유입니다.

아이들 앞에 놓여 있는 교과서와 수많은 참고서들은 자본 획득에 유리한 상품이 되기 위해 건너고 넘어야 할 깊고 높은 골짜기이고 산입니다. 교과서와 참고서 내용을 아는 정도와 상품의 가치는 비례하기 때문입니다. 많이 알면 좋은 상품이라는 딱지가 붙습니다.

좋은 상품이 되어야 돈을 잘 벌 수 있다는 어른들이 정해놓은 이 규칙은 오징어를 유혹하는 집어등이 되어 아이들의 꿈을 유혹하고 삶을 집어삼킵니다. 조금이라도 더 좋은 상품이 되려는 가녀린 몸짓들이 오직 한 곳만을 향해 튀어 오릅니다.

아이들은 스스로 좋은 제품임을 증명하기 위해 읽고 또 읽고, 외우고 또 외웁니다. 수없이 쏟아지는 문제를 풀고 또 풉니다. 학교라는 공간에 몸을 담그는 순간부터 벗어나는 순간까지 이 일은 반복됩니다. 돈으로 못할 것이 없다는 어른들이 심어 놓은 자본주의 신앙에 대한 강렬한 믿음이 있기에 아이들은 자신이 누구인지도, 또 어떤 존재가 될지도 모른 채 뛰고 또 뜁니다.

자아실현을 위한 공부를 말하지만 실제 현실은 자아실현을 위한 공부보다 돈의 도구가 되고, 돈의 명령을 따르고, 돈이 제시한 과제를 기계적으로 수행하는 일을 수 년간 반복할 뿐입니다. 시급히 해결해야 할 문제가 먹고 사는 문제이기에, 개인이 지니고 있는 소질과 역량을 찾아 계발하여 자기가 원하는 이상적 자기를 실현하는 자아실현을 꾀할 여유가 없습니다.

삶을 투자할 대상은 돈 만이 아님을 일러주어야 합니다. 현실에서는 자본이나 물질이 높은 차원의 도덕을 억제하기 일쑤이지만, 그럼에도 불구하고 바라볼 대상은 돈이 아니라 사람임을 일러주어야 합니다. 행복은 돈이 아니라 자신이 만드는 것임을 일러주어야 합니다. 돈은 때로 삶을 훼방 놓고, 관계를 훼손하고, 삶의 가치를 떨어뜨리는 대상임을 일러주어야 합니다. 행복은 주머니가 아니라 마음에서 주어지는 것임을 일러주어야 합니다.

어른들의 삶에 성찰이 필요합니다. 돈 만을 좇는 삶은 길을 잃기 쉽습니다. 자본주의에 물든 삶은 진정한 가치를 접할 기회를 차단합니다. 진정한 자유를 앗아갑니다. 우리는 돈에 빼앗긴 인간성을 회복해야 합니다. 아이들이 인간의 길을 걸을 수 있도록 도와야 합니다. 어른이 걸어왔고 지금도 걷고 있는 자본에 취한 어른의 삶을 그대로 따르도록 내버려두는 것은 어른의 도리가 아닙니다.

어른은 돈과 거리가 멀다고 판단되는 배움은 낭비고 불필요한 일이라는 인식이 강합니다. 돈 앞에 책임감, 사랑, 신뢰, 정의, 배려, 염치, 양보, 협동, 사고, 철학, 이념, 윤리 등 각종 덕들은 설 자리가 없습니다. 대학에서 특정 내용들을 배제하고 또 다른 특정 내용들을 끌어들이는 메커니즘을 작동시키는 동력 역시 돈입니다.

돈 때문에 시작한 공부는 대개 괴로움으로 끝나기 쉽습니다. 공부의 목적이 돈이 아니라 행복해지기 위함이기 때문입니다. 돈은 행복을 보장하지 않습니다. 행복은 인간이 만듭니다. 돈은 인간을 위할 때 가치를 발합니다. 돈의 가치는 인간이 부여합니다. 돈이 인간의 가치를 부여하는 것이 아닙니다. 돈을 위해 인간이 존재하지 않는다는 기본이 지켜지면 좋겠습니다. 그래야 학교는 사람이 생활하는 공간이 되고, 공부는 사람을 위한 공부가 됩니다. 학교든, 공부든 그 중심엔 인간의 존엄이 있다는 사실을 기억해야 합니다.

아픈 건 죄다

"왜, 아파?"

아파서 조퇴를 해야겠다는 말에 선생님은 대뜸 되묻습니다. 그리고 일장 연설이 이어집니다. 지금이 어느 땐데 아프냐는 겁니다. 마치 일부러 몸을 아프게라도 한 것처럼 목청이 높아집니다.

"……."

시험이 얼마나 중요한지 몰라서 그러냐는, 조금만 참으면 될 텐데 그것도 못 참겠냐는, 시험 못 봐서 후회하게 될 거라는, 네 성적을 네가 몰라서 그러냐는, 대학을 포기했냐는, 정신이 있냐는, 아무

데나 가고 싶으면 네 마음대로 하라는, 생각이 있긴 있냐는, 도대체 뭘 믿고 그러냐는, 마음 편한 소리 한다는, 네가 집에 가 쉬는 동안 에도 경쟁자들은 쉬지 않고 달릴 거라는….

"……."
"좀 참아, 그 정도도 못 참아! 다 너를 위해서 하는 소리야."

이렇게 결론이 내려집니다.

"학생은 아프면 안 됩니다. 그건 죄니까요."
"그래서 아파도 마음 놓고 아프다고 말할 수 없어요. 아니, 말할 필요도 없어요. 그 어떤 아픔도 공부보단 후 순위니까요."

학생은 공부를 위한 존재입니다. 시험을 위한 나날입니다. 이것 이 아픔도 참아가며 학교에 머물러야 하는 이윱니다.

삶을 위한 공부가 아닙니다.
삶을 위한 시험이 아닙니다.

공부를 위한 삶이고, 시험을 위한 삶입니다. 가치가 뒤집혔습니 다. 삶보다 공부가, 그리고 시험의 가치가 훨씬 크고 강합니다. 무엇을 위한 공부이고, 누구를 위한 공부인지, 공부를 해야 하는 이유가 무엇인지 되묻지 않을 수 없습니다.

교육은 신분 상승과 자아의 무한 확대가 아닌 배려와 돌봄, 협력과 공감, '나'만이 아닌 '너'와 '그'의 존재도 인식하고 연대와 베풂을 당연시하는 이타적 삶을 위한 노력입니다. 성적과 삶의 관계에 대한 기존의 사회적 상식은, 개인은 물론 사회의 가치를 떨어뜨리고 폭력의 능력만 향상시킬 뿐입니다.

어떤 경우에도 문제집을 손에서 놓아서는 안 되고, 교실을 벗어난다는 것이 상상하기 힘든 일이 된 것은 전쟁이라는 대규모 폭력의 형태를 취하고 있는 사회라는 전장에서 살아남기 위한 고육지책입니다.

상대의 처지를 고려하지 않고 오히려 이용하는 것은 전장의 규칙입니다. 나의 아픔은 타인에게는 절호의 기회인 셈입니다. 이것이 교사가 아이의 아픔을 인정하기 어려운 이유입니다. 경쟁 만능 시대에서 살아남으려면 아이들은 매일매일 마음의 상처를 입어야 합니다.

"대학은 포기했니? 대학 안 갈 거냐고?"

답이 정해져 있는 질문은 아이들에겐 고문입니다. 그리고 그것은 관심을 가장한 비난입니다. 아이들은 이 질문에 대답할 의무가 없습니다. 그럼에도 아이들은 답을 강요하는 폭력적인 질문 앞에서 끝없이 시달립니다. 아이들은 오늘도 마음에 난 상처를 보면서 어떻게 생활해야 하는 것이 옳은지, 교육의 존재 이유를 묻고 또 묻습니다.

교과가
멸종되는 방식

수업 중 표정만 살피면 모든 아이들이 교과서 속 이야기처럼 생활할 것만 같습니다. 배려와 협동을 말하고, 정의를 이야기하면 아이들은 금세라도 배려를 베풀고 협동을 하고 정의로운 생활을 할 것만 같습니다. 그러나 교실을 나서면서 모든 것을 잊습니다.

"아아아아흐~!"

긴 기지개를 켜면서 아이들은 수업이 끝난 것에 안도합니다. 아이들에게 수업은 걱정거리입니다. 불편한 일입니다. 수업 종료는 마음을 짓누르는 걱정거리를 덜어내는 일입니다. "아이휴." 여기저기에 내뱉는 아이들의 외마디 비명으로 아이들이 수업을 대하는 마음을 알 수 있습니다. '그딴 걸 알아서 뭐한다고 이 고생을 해야 하느냐.'라는 툽니다. 아이들은 마치 지저분한 먼지라도 묻은 양 그 시간의 불편함을 교실 안에 탈탈 털고 교실을 나섭니다. 한 시간 한 시간 수업이 끝날 때마다 아이들의 마음은 편안함을 회복합니다.

수업 종료 종소리와 함께 아이들은 재빠르게 교과서를 덮습니다. 마치 못 볼 것이라도 본 것 같습니다. 마음에 담은 내용 하나 없이 교과서 속 이야기는 그대로 교과서에 묻어둔 채 교과서를 덮습니다. 교과서에 묻힌 내용들은 아이들 관심에서 그대로 사라집니다. 아마도 그 내용들이 햇빛을 볼 일은 다시없을 겁니다.

타인보다 자신을 앞세우고, 타인의 불편에 눈감고, 부정의에 무감한 생활을 보면 그렇습니다. 배려는 이기로 협동은 경쟁으로 답합니다. 정의는 애초에 없었던 듯합니다.

"시험에 안 나오잖아요."

이유를 물으면 아이들은 당당히 말합니다. 아이들에게 교과서는 시험용입니다. 변화를 가져오고, 삶을 성장시키고, 새로운 자신을 만드는 에너지가 아닙니다. 세상을 보는 안목을 넓혀주고, 관점을 교정하고, 관계를 개선하고, 지혜를 주고, 함께 사는 법을 일러주고, '나' 외 '너'의 존재를 깨닫게 해주는 삶을 일러주고 안내하는 지침서가 아닙니다.

시험과 무관한 내용은 익힐 이유도, 알아야 할 이유도, 기억해야 할 이유도 없습니다. 실천해야 할 이유는 더더욱 없습니다. 아이들에게 시험과 무관한 내용, 그리고 과목은 교육과정을 장식하는 쓸데없는 치장일 뿐입니다. 그것들은 아이들의 삶을 돕기는커녕 괴롭히는 거추장스러운 장애일 뿐입니다.

수업 중에 듣는 대부분의 말들은 교실을 나서는 순간 잊혀집니다. 아니 잊어도 좋습니다. 어차피 시험과는 무관한 얘기들이기에 쓸모가 없습니다.

아이들의 학교생활은 상급 학교 진학을 위한 준비 그 이상도 그 이하의 일도 아닙니다. 상급 학교에만 진학하면 학교생활은 잘한 것이 됩니다. 그것은 아이들의 입장에서만 그런 것이 아닙니다. 학교 입장도 마찬가지입니다. 아이들을 속칭 일류 학교에 많이 진학시키면 교육을 잘하는 학교가 됩니다. 아니 훌륭한 학교라는 칭송까지 듣습니다. 학교의 교육 목표가 '인간 만들기'가 아닌 '일류학교 진학'이라는 이상한 목표가 되어도 전혀 이상하지 않은 이유가 여기에 있습니다.

성실하고 협동심이 강하고 정의롭고 배려할 줄 알고 민주적인 시민 양성이라는 교육 목표는 표면적으로 내세우는 행정적 목표일 뿐 실제 이루어지는 교육과는 거리가 멉니다.

언제부턴가 아이들은 교과를 나누고 같은 교과라도 내용을 선별합니다. 필요한 교과와 불필요한 교과, 필요한 내용과 불필요한 내용으로 말입니다. 그리고 필요한 교과와 필요한 내용에만 관심을 기울입니다. 필요의 기준은 평가입니다. 선택받은 교과와 내용일지라도 철저히 평가를 위한 도구로만 활용합니다. 학교에서 익힌 내용들은 실제 생활과는 무관합니다. 삶을 성장시키고, 삶을 가꾸고, 세상을 바라보는 시야를 넓히고, 타인과의 관계를 배우고, 사회 구성원으로서의 도리를 깨닫는 것과는 무관합니다. 오직 상급 학교 진학용 배움입니다. 평가의 끝과 함께 배움도 끝입니다. 평가를 끝낸 과목이나 내용은 철저히 버려집니다.

아이들은 시험과 무관한 교과와 내용은 철저히 가려내서 버립니다. 평가 과목을 지정하고 특정 내용만을 평가의 대상으로 삼는 것은 결국 이 과목과 이 내용에만 관심을 기울여도 좋다는 무언의 안내입니다.

결국 과목을 나누고 내용을 선별하는 것은 아이들이 아닙니다. 그것은 어른들의 관심이고 어른들의 요구입니다. 어른들이 관심을 갖는 과목과 어른들이 요구하는 내용입니다. 아이들은 어른들의 관심과 요구에 응할 뿐입니다. 물론 이유도 알지 못합니다. 아니 알 필요도 없습니다. 단순히 이 과목을 알고 이 내용을 알아야 원하는 상급 학교에 진학할 수 있다는 어른들의 요구에 순순히 응할 뿐입니다. 이것이 상급 학교 진학이라는 목표 달성과 함께 과목과 내용이 버려지는 이유입니다. 이유도 모르고 익혔던 내용들이 더 이상 불필요한 과목이고, 내용이 되는 것은 평가일을 기준으로 나눕니다. 평가와 함께 수십 년간 붙들고 씨름했던 과목과 내용과는 영원히 이별을 고합니다.

배움이 삶으로 이어지나요? 실제로 펼쳐지는 삶과 배움은 어떤 관련이 있을까요? 삶은 그 동안 익혀왔던 과목과 내용들과 무관할까요? 무엇을 위한 배움일까요? 수십 년 교과서를 넘기며 받은 고통은 의미 있는 고통이었을까요?

아이들은 책가방을 내려놓는 것과 동시에 배움의 내용 또한 내려놓기 일쑤입니다. 교육에 대한 평가는 상급학교 진학, 취업을 위한 수단만이 아니라 스스로 자신의 삶을 평가하는 도구로서의 기능을 한다는 사실을 깨닫게 해야 합니다. 교육은 삶의 가치를 향상시키는 일임을, 평가는 삶의 가치를 재는 일임을, 삶에 대한 성찰 그것이 진정한 평가임을 일러주어야 합니다. 그러므로 평가는 평생 지속되는 일임을 알려주어야 합니다. 따라서 교육은 자기 성찰을 위한, 자신의 삶을 돌아보기 위한 눈이고, 지나온 삶을 듣기 위한 귀이며, 자신의 삶을 재기 위한 잣대임을 깨닫도록 해야 합니다.

아이들 손에 들려 있는 교과서가 진학을 위한 시험과 동시에 버려지는 일회용 지식은 아닌지요? 평가가, 그리고 상급 학교 진학이 모든 교육 목표와 교육 윤리와 도덕을 압도한 유일한 진리처럼 된 것이 다양한 배움과 실천을 외면하는 교육의 퇴행을 부르는 것은 아닌가 싶습니다.

아이들이
서울로 향하는 까닭은

몇몇 아이들이 모여 있습니다. 다가서자 일제히 인사를 건넵니다. 웃는 표정에는 무언가 언짢음이 배어 있습니다.

"응, 그래. 원서는 잘들 냈니?"

머뭇머뭇 표정들이 신통치 않습니다. 겸연한지 자기들끼리 얼굴을 쳐다보는 모습들이 마뜩잖습니다.

"네, 그냥 냈어요."

원서를 낸 학교를 물을 때면 으레 돌아오는 대답입니다.

'그냥.'

아이들이 말하는 '그냥'에는 다양한 의미가 들어있습니다. 자신의 처지를 고려컨대 대학의 조건, 환경 등 이것저것 따질 상황이 아니어서 성적에 맞추어 학교를 선택할 수밖에 없었다는 의미, 그리고 뭉뚱그려 서울 소재 대학이 아님을 뜻하기도 합니다.

지잡대, 서울 외 지방에 산재한 대학 중 다소 수준이 낮다고 여겨지는 대학을 통칭하는 속어입니다. 지방(地方) 소재 대학을 잡(雜)스러운 대학(大學)으로 낮추어 부르는 거지요. 지방대학을 얕보는 이러한 신조어가 반영하는 이 사회는 신분이나 가문이 운명을 좌우하던 전근대 사회보다 암울한 면이 있습니다.

서울 소재 대학은 학교명이 분명합니다. 그러나 서울 외 소재 대학은 통칭 '그냥, 아무 데나'입니다. 지방 소재 대학은 졸지에 무명대학으로 전락합니다. 분명 학교명은 있으나 없습니다.

이러한 사회적 분위기에서 지방 대학은 '창피함'입니다. 이러한 사고에는 서울 중심의 식민 근성이 자리합니다. 이 근성은 어른이 물려준 사고입니다. 입학 결과가 나올 때면 으레 학교마다 교문 높은 곳에 서울 소재 유명 대학 입학생 수와 입학자들의 이름이 걸립니다. 학교에 따라 입학생 수와 이름까지, 혹은 입학생 수만 드러내는 식으로 학교 명성에 따라 공개 내용과 정도가 다릅니다.

그나마 숫자의 일원이라도 된 것을 다행으로 여겨야 할까요? 그조차 없는 대학에 입학한 학생에 비하면 그럴 수 있습니다. 그 외 대학 입학자들에 대한 관심은 그 어느 곳에도 없으니까요. 그러나 ○○명 입학에서 숫자는 숫자가 아니라 사람이어야 합니다. 언제부턴가 우리는 사람을 숫자로 환원합니다. '누구'가 아니라, 243명 중 한 명 이런 식입니다. 교육이 추구할 근본적 가치는 인간이 되어야 합니다. 인간의 가치는 경제적 이득과 손실과 같은 숫자로 수렴되는 어떤 것이 아닙니다. 인간에게는 숫자로 담을 수 없는 존엄함이 있습니다. 243명은 존엄함이 상실된 단순히 숫자일 뿐입니다. 사람을 숫자가 아닌 사람으로 보는 인간적 시선이 교육 풍경을 조금은 바꿀 수 있을 듯싶습니다.

상급 학교 진학은 아이들의 학교생활을 불편하게 합니다. 지역 학교로 진학하는 아이들을 탈락자나 패배자로 인식하는 풍토가 이들을 불편하게 합니다. 지역 학교 진학을 부끄러워해야 할 아무런 이유가 없습니다. 그럼에도 지역 학교 진학 사실을 숨기고, 누군가의 눈치를 봐야 하고, 스스로의 처지를 비하하게 만드는 분위기가 존재합니다. 그것은 곱지 않은 어른들의 시선 때문입니다.

수도권 학교로 진학할 수 없는 아이들에게 학교생활은 늘 가시방석입니다. 편안하지 않습니다. 주변에서 쏟아지는 시선이 부담스럽습니다. 그들의 시선이 닿지 않는 곳으로 하루라도 빨리 떠나고 싶습니다.

어른이 인정하지 않습니다. 자신들이 가르친 아이들이 이룬 성과임에도 불구하고 서울 소재 그것도 몇몇 유명 대학 입학자들에게만 관심이 집중됩니다. 그들만 제자로 인정하고 합격자로 취급합니다. 이런 분위기에서 인정받지 못하는 학교에 입학한 아이들이 자신이 입학한 학교를 당당히 밝히기란 쉽지 않은 일입니다. 밝힐 이유도 기회도 주어지지 않습니다. 그 누구도 관심이 없습니다. 어른들의 차별적 시선으로 많은 아이들이 희생됩니다. 패배자로, 무능인으로, 쓸모없는 존재로, 창피한 존재로. 그러다보니 아이들도 스스로를 무시합니다. 어른들 시선에서 휴머니즘의 회복이 절실합니다.

"자동차를 좋아해서 지원했어요. 졸업하면 자동차 관련 일을 하려고요. 근데 집에서는 서울로 가지 못한다고, 남들 공부할 때 뭐했냐고 난리예요. 이젠 포기하셨지만 엄청 못마땅해 하세요. 말씀도 잘 안 하시고…. 실망이 크신 모양이에요."

지방 대학 자동차 학과에 원서를 낸 민준이 이야기입니다. 집에서 다닐 수 있고, 무엇보다 자신이 좋아하고, 하고 싶은 것을 할 수 있다는 사실에 행복해 하는 모습을 보면서, 민준이의 선택에서 무엇이 문제인지, 무엇이 부모님의 마음을 아프게 하는 것인지 생각합니다.

민준이는 행복합니다. 본인이 좋아하고 바라는 길을 선택했기 때문입니다. 그러나 민준이는 마냥 좋아만 할 수 없습니다. 민준이가 선택한 길이 부모님의 바람과는 조금 거리가 있기 때문입니다. 부모님의 불편한 모습에 마음이 아픕니다. 부모의 욕심, 그것은 아이의 행복을 가로막는 또 다른 장애입니다.

말은 낳으면 제주로 보내고 사람은 낳으면 서울로 보내라는 옛말이 있습니다. 그 말은 지금도 유효합니다. 서울이 출세와 성공을 보장한다는 인식은 여전합니다. 이것이 지방을 선택한 청소년들을 외면하고 그들을 바라보는 시선이 차가운 이유입니다. 서울은 우리나라 청소년들이 반드시 거쳐야 하는 필수 코스처럼 되었습니다. 이것이 서울을 거치지 않은, 아니 거칠 수 없는 아이들의 상처가 깊어지는 이유입니다.

"저는 뭐가 되든 상관없어요. 그래서 대학 별로 신경 안 써요. 어차피 되고자 하는 것도 없으니까요. 뭐, 신경 쓴다고 되는 것도 아니고…"

옆에서 조용히 듣기만 하던 종찬이가 한마디 보탭니다. 그리고 자리를 뜨면서 "뭐 어떻게든 되겠지요!" 앞으로 펼쳐질 자신의 앞날에 희망을 얹습니다. 외면당하는 아이들은 자신도 자신을 외면합니다.

수업은
아이들의 시간이다

엄마의 부름에 깜짝 놀라 눈을 뜹니다. 대충 씻고, 이것저것 챙기고, 아침밥도 먹는 둥 마는 둥 허겁지겁 정신이 없습니다. 발가락만 간신히 낀 신발을 끌고, 교복은 다 입지도 못한 채 한 쪽 팔을 끼면서 현관문을 나섭니다. 매일매일 전쟁입니다. 촌각을 다툽니다. 입에선 허연 불만이 튕깁니다. "그러게. 조금만 서두르면 될 걸 이게 뭐냐!"라는 앙칼진 엄마의 잔소리를 귓전으로 흘리며 달리고 달려 가까스로 교문을 통과합니다.

교실에 들어서자 기다렸다는 듯 시작종이 울립니다.
선생님이 들어오고 드디어 수업 시작.
근엄한 목소리가 교실 구석구석을 적십니다.

쉼 없이 이어지는 엄숙하기 그지없는 시간.
아이들은 어느새 사라지고 없습니다.

수업 시간은 철저히 교사만의 시간입니다.
가르치는 일에만 열심입니다.
배우는 아이들은 시작과 함께 어디론가 하나 둘 사라집니다.
교사만 남고 아이는 없는 시간, 아이의 귀에 교사의 소리가 전해
질 리 만무합니다.

교사 홀로 독점하는 시간, 교사만의 수업, 교사만의 생각, 교사만
의 판단, 교사만의 지식, 교사만의 경험, 교사만의 관점, 교사만의
느낌, 교사만의 소리, 교사만의 이야기로 꾸며지고, 벌여놓는 수업,
아이들은 장식품이 됩니다.

교실은 철저히 교사만의 공간이 됩니다.
이처럼 명확하고 분명한 권력의 공간은 없습니다.
교실이 교사의 권력을 누리는 공간이 되어갈수록 아이들에겐 차
가운 공간이 됩니다.

수업 시간을 교사 혼자 독점하는 것은 갑질입니다.
권력의 우위에 있는 교사가 약자인 을에게 하는 부당한 지식 양

도 행위입니다.

아이들의 시간을 교사 혼자만의 시간으로 만드는 일은 아이들에 대한 도리가 아닙니다.

수업은 교류이고 나눔입니다. 시간을 나누고 생각을 나누는 시간입니다. 지식도, 경험도, 관점도, 그리고 정과 사랑도 나눔의 대상입니다. 기쁨과 즐거움도 나누어야 합니다. 함께 생각하고, 함께 고민하고, 함께 대안을 모색하는 일입니다. 함께 웃고, 함께 아파하는 일, 그것이 수업입니다. 교사만의 생각이 지배하는 교사만의 수업, 그것은 폭력입니다.

잠을 쪼개고, 밥을 거르고, 좋아하는 일도 멈추고, 가고 싶은 곳도 뒤로 미루고, 하고 싶은 일에 두 눈 질끈 감고, 정말 하고 싶은 많은 것을 유예하고…. 그리고 들어선 교실에서 할 일이 없다는 것은, 어떤 존재로든 인정받지 못한다는 것은, 교사의 소리만 울리는 교실에 갇힌 채 종일 웅크리고 있어야 한다는 것은 분명 부당합니다.

시간을 나누어야 합니다. 수업 시간은 아이들의 시간임을 기억해야 합니다. 수업은 아이들의 요구를 들어주는 시간입니다. 아이들의 필요를 만들고, 요구를 받드는 시간입니다. 어른의 필요를 채우기 위해 어른에게 부여된 어른의 시간이 아닙니다. 수업은 아이들의 시간이고, 그들의 요구에 응하는 시간입니다. 그러나 아이들의 요구나 의견, 생각에 동의하고 공감하는 경우는 새끼 거북이 어른 거북이 되어 다시 고향으로 돌아올 0.1%의 확률만큼이나 힘든 일입니다.

침묵을 강요하는 교실은 아이들의 능력을 살피고, 능력을 기르고, 능력을 펼칠 꿈을 가꾸는 교육의 공간이 아니라, 아이도 교육도 없는 오로지 강자인 교사에 대한 절대적인 복종만을 강요하는, 파시즘적 폭력만이 지배하는 야만적 수용소가 될 겁니다. 어른만이 존재하는 아이 없는 교실에서 아이를 위한 교육을 기대하기는 어렵습니다. 그런 상황을 견뎌야 하는 아이들에게 어른의 존재는, 도움은커녕 오히려 교육적 재난이 될 수 있습니다.

아이들의 시간을 아이들에게 돌려주어야 합니다. 그것은 교사의 시간을 아이들에게 나누어주는 것이 아닙니다. 아이들의 시간을 주인인 아이들에게 돌려주는 일입니다. 아이들이 수업의 주권자임을 증명하는 여러 방법 중에 가장 확실하고도 효과적인 것은 아이들이 자신들의 이야기를 하는 겁니다. 스스로 질문하고, 대답하고, 토론하고, 설득하고, 계획하고, 발표하고, 기획하고, 설계하고, 검토하고, 만들고, 비평하고, 평가하고….

교사가 독점하는 것은 아이들의 시간을 강탈하는 일입니다. 아이들의 수업 주권을 강제로 빼앗는 일입니다. 교사의 시간 독점, 그것은 분명 아이들에게 성장의 장애고, 불편이고 고통입니다.

가난은
꿈마저 방해한다

　누구의 보호나, 지원도 받지 못한 채 홀로 외로운 꿈을 꾸는 아이들이 있습니다. 꿈은 희망입니다. 고통을 참고, 어려움을 견디고, 외로움을 이겨내는 것은 꿈이 있기에 가능합니다. 꿈이 펼쳐질 때 오늘의 고통이나 어려움도 기쁨과 즐거움으로 바뀔 거라는 희망이 있기 때문입니다.

　그러나 홀로 꾸는 꿈은 꿈일 뿐입니다. 꿈은 관계 속에서 이루어지기 때문입니다. 누군가의 도움 없이 이루어지는 꿈은 없습니다. 꿈을 현실로 바꾸기 위해서는 도움의 손길이 필요합니다. 꿈을 이루기 위해서는 주변의 도움이 필요합니다. 아이들의 꿈은 주변과의 조화로운 관계를 통해 이룰 수 있습니다. 꿈은 홀로 꾸되 성취는 함께여야 합니다.

아이들이 마음 속 깊이 간직하고 있는 꿈은 꿈을 위한 꿈이 아닙니다. 아이들은 꿈을 위해 꿈을 꾸지 않습니다. 꿈은 현실을 위해서만 꿉니다. 꿈은 현실이라는 열매로 이어질 때 그 의미를 갖습니다. 꿈의 의미는 현실화에 있습니다. 그런데 꿈을 손에 잡고 눈으로 확인하고 그 속에서 삶을 꾸려가기에는 상황이 그렇게 녹록치 않습니다.

서연이는 특강 시간마다 교실에 남습니다. 친구들의 체온이 여전한 책상을 벗 삼아 홀로 자습을 합니다. 특강을 듣지 않기 때문입니다. 특강은 특별히 보살피고 도와주는 시간입니다. 꿈을 이루고자 하는 아이들의 요청에 대해 교사가 지원하는 구조입니다. 그러나 서연이는 꿈의 지원을 요청하지 않았습니다. 넉넉지 않은 집안 형편을 잘 알기 때문입니다.

서연이는 야간자율학습도 빠짐없이 참여합니다. 빠질 구실이 없기 때문입니다. 친구들이 학교를 벗어날 구실로 삼는 학원도, 독서실도 서연이에게는 먼 나라 이야기일 뿐입니다. 때론 자리를 뜰 수 있는 친구들이 부럽습니다. 남아 있을 수밖에 없는 자신이 애처롭기도 합니다. 특강과 학원이 아니면 꿈을 가질 수 없다는 말이 아닙니다. 돈의 눈치를 보면서 욕구를 펼쳐야 하는 아이들의 아픔을 이야기하는 겁니다. 돈만큼 꿈을 꾸고, 돈만큼 꿈을 키울 수밖에 없는 아이들의 현실을 말하는 겁니다.

혼자서 꾸는 꿈은 꿈조차 빈곤해집니다. 덜 눈에 띄고 사회적으로도 덜 주목받습니다. 무슨 꿈을 꾸고 있는지, 꿈을 이루기 위해 어떤 노력을 하고 있는지 그 누구도 관심을 기울이지 않습니다. 가난은 관계마저 가난하게 합니다. 주변 사람들의 관심조차 가난해집니다. 가난은 꿈을 펼칠 기회를 아예 얻지 못하거나 영원히 이룰 수 없다는 공포를 부릅니다.

빈곤한 10대는 미래마저 가난합니다. 어두운 미래가 두렵습니다. 꿈을 꿀 수 없는 자신이, 가난을 멸시하고 외면하는 사회가 무섭습니다. 가난은 삶을 지치게 합니다. 가난은 다른 사람들과의 사이에 보이지 않는 벽이, 넘을 수 없이 두텁고 높은 벽이 존재함에 절망합니다.

어떤 이들은 그들의 노력 부족을 탓하기도 합니다. 그러나 가난한 아이들은 꿈을 이루기 위해 노력할 기회조차 빈곤합니다. 당장 먹고 사는 문제가 시급하기 때문입니다. 끼니를 걱정해야 하는 아이들에게 꿈을 성취하기 위해 노력하라는 말은, 절망감만 심어주는 고통스러운 주문일 뿐입니다. 교과서 속 가난은 죄가 아닐지라도 현실 속 가난은 죄입니다. 죄인이 아닌 죄인이 되어 이리 채이고 저리 채입니다. 가난한 아이들에게 꿈을 가지라는 구호는 아이들의 화만 더 돋우는 일입니다.

가난은 아이들의 삶을 아프게 합니다. 그래서 어른의 진정어린 관심이 필요합니다. 가난에게 꿈을 빼앗기고 가난으로 삶이 훼손되는 일은 막아야 합니다. 어른은 삶의 성장에 제동이 걸린 아이들이 기댈 유일한 언덕입니다. 세습된 경제적 지위가 아이들의 삶을 규정짓고 공고히 하는 일은 없어야 합니다.

자본도, 인맥도 대물림됩니다. 자본이 자본을 낳고 인맥이 인맥을 낳습니다. 부모의 인기도 상속 품목이고 때론 권력도 상속됩니다. 인기인의 자녀가 인기인의 대열에 합류하고, 부모의 자본으로 자본 권력을 휘두릅니다. 부모의 힘이 삶의 힘이 되고, 꿈을 이루는 권력이 되면 가난한 아이들은 희망을 내려놓아야 합니다. 출생이 삶을 결정짓는 신분 사회라면 가난을 벗어날 방도는 없습니다.

개인이 이룰 수 있는 것에는 한계가 있습니다. 가난을 개인이 져야 할 책임으로만 돌리기에는 가난의 골이 너무 깊습니다. 발버둥치면 칠수록 더욱 깊이 빠지는 개미지옥을 닮았습니다. 가난은 조금만 견디면 해결되는 질병이 아닙니다. 잠깐 견디면 해결되는 불편함은 더더욱 아닙니다.

가난은 단순히 물질적 빈곤에만 머물지 않습니다. 배고픔에서 그치지 않습니다. 인간적 가치와 존엄성마저 해칩니다. 특강 받는 아이들이 떠난 빈 교실에 홀로 남아 있는 서연이는 특강 교실에 앉아 있는 애들과는 다른 대우에 대한 수치를 느낍니다. 궁핍과 수치를 함께 견뎌야 하는 아이의 자존감은 무너질 대로 무너집니다.

대부분의 친구들이 듣는 수업에 참여하지 못하는 서연이의 하루는 참으로 깁니다. 냉소와 자조 속에 하루하루를 버팁니다. 서연이의 학교생활은 가난을 체험하는 기간입니다. 따사로운 햇살도, 그림 같은 뭉게구름도, 계절의 변화를 알리는 꽃들의 아름다움도, 뜨겁고 차가운 바람도, 느낄 겨를도 여유도 없습니다.

꿈의 안정성을 위협하는 최고의 적은 바로 돈입니다. 아이들의 꿈은 아직 따뜻합니다. 그 꿈이 식기 전에 아이들의 발목을 잡고 있는 가난의 굴레를 벗겨 주어야 합니다. 식어가는 꿈은 가혹한 꿈입니다. 그것은 두려운 일입니다.

적어도 꿈은 꿀 수 있어야 하지 않을까요? 꿈조차 꿀 수 없는 아이들을 방치한다면 그것은 죄악입니다. 아이들에게 가난은 혹독한 시련입니다. 아이들의 형편과 사정에 눈을 돌려야 합니다. 그들에겐 손이 필요합니다. 뜻이 꺾이지 않고 스러지지 않도록 잡아줄 그 누군가의 사랑의 손길이 간절합니다. 아이들이 꿈을 실현해 가는 데 장애 요인을 극복할 수 있는 유일한 길은 사랑입니다. 가난으로 잃은 힘은 그들의 삶에 새 힘을 주려는 사랑의 노력을 통해 극복될 수 있습니다. 어른이 왜 어른인가요?

아이들의 꿈은
어른의 욕심이다

어느 날 수업을 마치고 교재를 챙기는데 서연이가 교탁 앞으로 다가왔습니다.

"선생님, 시간 좀 있으세요?"
"그럼, 언제든…. 근데 무슨 일이라도 있니?"
"네, 드릴 말씀이 있어서요."
"그래, 언제든 괜찮아. 서연이가 편한 시간에 오너라."

녀석, 웬일일까? 무슨 걱정거리라도 생긴 걸까? 늘 씩씩한 모습만 보이던 아이라 더욱 궁금했습니다. 서연이가 교무실을 찾은 건 그로부터 두 시간쯤 지나서입니다. 서연의 표정이 사뭇 진지했습

니다. 교실에서 볼 때와는 전혀 다른 모습입니다. 뭔가 '큰일'이라
도 생긴 모양입니다.

서연이와 함께 도서관으로 갔습니다. 책들이 내뿜는 은근한 향
이 좋아 자주 찾는 곳입니다. 도서관 담당 선생님께 양해를 구하고,
도서관 한쪽에 마련된 탁자에 앉았습니다. 그리고 서연의 눈치를
살핍니다.

"막막해요. 갑자기 앞이 캄캄해졌어요."

고개를 숙이고 손톱을 매만지던 서연이가 던진 첫 마디입니다.
길을 잃었답니다. 분명 얼마 전까지 눈앞에 있던 길이 어느 날 갑
자기 사라졌답니다. 그래서 한 발도 더 앞으로 나아갈 수 없답니다.
앞으로 가는 것은 고사하고, 깊은 땅 속으로 한 없이 추락하고 있
는 느낌이랍니다.

"저는 제 꿈을 이룰 수 있다고 생각했어요. 단 한 번도 의심해본
적이 없어요. 초등학교 때부터 준비했고, 성적도 좋았어요. 그래서
선생님들께서도 분명히 꿈을 이룰 수 있을 거라고 말씀해주시곤
했어요. 그래서 전 자신했어요. 조금도 걱정하지 않았어요."

한숨을 내쉬던 서연이는 다시 고개를 떨굽니다. 서연이의 마음

을 아는지 소리 내어 불던 창 밖 바람도 조용해졌습니다. 서연의 마음이 제 마음마저 적십니다. 힘을 잃은 서연의 마음을 어떻게 달래줄 수 있을까 망설일 때 서연이가 말을 잇습니다.

"저는 영어 교사가 되는 게 꿈이었어요. 정말 하고 싶었어요. 근데, 요즘 그것이 얼마나 허황된 꿈이었는지 알게 되었어요."

잘하는 과목이, 그리고 좋아하는 과목이 영어이고 그래서 영어 선생님을 꿈꾸고 공부해 왔는데 학년이 올라갈수록 영어를 잘하는 아이들이 많다는 사실을 알게 돼서 위기감이 생기고, 꿈을 이룰 수 없을 것 같아 두렵다는 얘기입니다. 그래서 꿈을 접어야겠다는 거지요. 그리고 어느 정도 접었다는 말도 덧붙입니다. 그러고 나니 그럼 이제 뭐 하지? 그동안 교사라는 꿈을 간직하고 지내왔는데 갑자기 사라지니, 울컥 자신에 대해 화도 나도, 실망도 하고, 이렇게 살아서 뭐하나 하는 생각도 들고…. 삶의 의미마저 흐릿해짐을 느끼는 순간 겁이 났다는 겁니다. 서연이의 마음은 복잡했습니다.

서연이는 영어 관련 능력만을 지니고 있는 것은 아닙니다. 여타 다양한 능력 또한 있습니다. 그럼에도 불구하고 서연이가 영어 교사만 만지작거리는 것은 자신의 또 다른 능력은 사회가 허용하지 않기 때문입니다. 이것 아니면 할 것이 없다고 절망에 빠져 자신을 스스로 포기하고, 자신이 지니고 있는 다양한 능력에 본인조차 관심을 두지 않고 돌아보려 하지 않는 것은 사회로부터 관심 받지 못하는 능력이라는 생각 때문입니다.

사회는 자본 획득력을 토대로 능력을 평가합니다. 학교는 사회가 줄 세운 능력을 그대로 교실로 끌어들입니다. 그리고 아이들을 한 줄로 세웁니다. 결국 아이들은 자본력을 지닌 능력 순으로 늘어섭니다. 뒤로 갈수록 능력이 없는 아이라는 증거입니다. 줄 세우기는 아이들의 무궁무진한 능력들을 하나 둘 지우는 일입니다. 학교는 능력을 죽이는 곳이 아니라, 성장시키는 곳임을 기억해야 합니다.

서연이가 자신의 꿈을 의심하고 마음에서 지우려는 것은 서연이의 의지가 아닙니다. 어른의 욕심이 서연의 꿈을 지우고 있는 겁니다. 아이의 마음에 심겨진 어른의 욕심이 아이의 꿈이 자라지 못하도록 막습니다. 아이의 꿈을 짓눌러 아이의 꿈이 보이지도 않습니다. 어른들은 자신들의 욕구를 아이들의 가슴에 심습니다. 그래서 자신들의 욕구 충족을 위해 아이들을 채근합니다. 어른의 욕구가 아닌 아이들이 자신들의 욕구를 심고 가꾸는 것을 용납지 않습니다.

사회는 아이들이 품고 가꾼 모든 꿈을 인정하고 수용해야 합니다. 인정을 통해 아이들은 존재할 수 있습니다. 인정받지 못함은 존재하되 존재하지 않는 존재입니다. 존재의 부정입니다. 어른의 욕심을 채울 수 없는 아이는 부정의 대상입니다. 어른의 욕심은 어른이 제시한 과제 해결 능력인 성적으로 채워집니다. 그것이 어른이 세운 인정의 규칙입니다.

아이들의 꿈을 점수화하여 서열화하고 꿈의 수용 여부를 결정하는 것은 꿈에 대한 차별이고, 그것은 인간을 차별하는 일입니다. 아이들이 자신에 대해 실망하고 삶의 의욕을 잃는 것은 바로 이 지점입니다. 아이들의 꿈을 무시하지 말아야 합니다. 어른들의 마음에 드는 삶을 꿈으로 설정하고, 어른의 눈치를 보면서, 그 꿈에 짓눌린 나날을 보내는 아이들의 생활을 어떻게 생각해야 하는지요.

어른이 세워놓은 인정 규칙은 삶을 왜곡하고 파괴합니다. 어른은 아이들이 자신의 능력을 마음껏 드러내고 성장시키고 그 능력으로 행복을 꾸밀 수 있도록 도와야 합니다.

돈에 머리 숙인
아이들의 꿈

"선생님 같이 가요."

뒤에서 반가운 소리가 들립니다. 서연이입니다. 서연이의 숨이 가쁩니다.

"아이구, 숨넘어가겠구나. 어디를 그렇게 급히 갔다 오니?"
"화장실에요. 그런데 갑자기 시작종이 울려서 급히 나오느라고요. 근데 마침 선생님이 계셔서 다행이에요. 지금 선생님 시간이잖아요."
"그래, 잘됐구나, 같이 가자. 요즘도 춤 연습하니?"
"안 해요."

"그래? 춤보다 더 급한 일이 생겼나보구나."

"아니에요, 그게 아니고요. 꿈을 바꿔야겠다는 생각이 들어서, 요즘 고민 중이에요."

서연이는 춤을 좋아합니다. 그리고 잘 춥니다. 서연이의 춤은 힘차고 아름답습니다. 수학여행 때 서연이의 춤 솜씨를 감상할 기회가 있었습니다. 또래 아이들이 대부분 춤을 좋아하고 잘 추지만, 서연이의 움직임이 유독 눈에 띄었습니다. 그래서인지 오랜 시간이 지난 지금까지도 그 모습이 선명합니다. 춤을 좋아하고 잘 추는 서연이는 춤추는 직업을 갖고 싶어 했습니다. 그런데 바꿀 생각이라는군요.

"이유라도 있니? 좋아했잖니? 그리고 잘 추기도 하고."

서연이의 대답을 듣기 전에 교실에 도착했습니다.

"수입이 마음에 걸려서요."

수업을 마치고 나오는데 서연이가 따라오면서 이유를 말합니다.

"그렇지, 수입은 중요하지. 생활을 위한 일인데."

서연이는 춤을 추고 싶습니다. 춤이 정말 좋아서입니다. 춤추는 시간만큼 행복한 시간은 없습니다. 그래서 춤추며 살아가고 싶었습니다. 그러나 접을까 고민 중이랍니다. 경제적 어려움 때문입니다.

돈은 직업 선택을 둘러싼 혼란을 일으킵니다. 직업은 경제라는 새로운 과제를 제기합니다. 취업은 할 수 있을지, 경제적 어려움은 없을지, 미래는 보장 받을 수 있을지 등, 하고 싶은 일을 다른 각도에서 고민해야 합니다.

소비와 물질이 지배한 오랜 시간의 삶이 물질적 부에 집착하게 만들었습니다. 물질에 매몰된 어른의 삶은 그대로 아이들의 삶이 되고, 아이들의 삶을 지배하는 힘이 되었습니다. 돈을 향한 어른의 삶은 소리 없이 아이의 삶에 침투해 보이지 않는 압박이 되었습니다. 돈을 향한 아이의 눈은 돈을 좇는 어른의 삶이 남긴 유산입니다.

돈에 대한 서연이의 마음은 주변 사람들을 통한 사회화입니다. 오롯한 혼자만의 결정이 아닙니다. 서연의 마음이고 결정이지만 서연이 홀로 마음대로 내린 결정이 아닙니다. 누구든지 배우고 익히고 보고 들은 것들이 마음의 근거가 되기에 그렇습니다.

서연이 뿐만이 아닙니다. 모든 아이들은 어른이 평가하는 가치, 세속적인 기준에 잘 맞게 양육됩니다. 권력이나 돈을 잔뜩 움켜쥔 사람들, 혹은 사회가 요구하는 관습적 기준에 잘 들어맞는 사람으로 변합니다.

서연의 꿈이 흔들리는 것은 어찌 보면 당연합니다. 돈의 위력을 실감하는 21세기 자본주의 사회에서 돈에 대한 고려 없이 꿈을 꾼다는 것은 그 자체로 꿈에 대한 모욕이기 때문입니다. 서연이의 변심은 춤에 대한 마음이 변한 것이 아니라, 돈을 향한 새로운 마음이 생긴 것일 수 있습니다. 춤을 향한 마음과 돈을 향한 마음이 같은 마음이라고 하기에는 마음의 결과 방향이 너무 다르기 때문입니다.

돈을 위한 세상살이 방식이 아이들의 삶에 엄청난 고통을 줍니다. 아이들의 재능은 돈을 위해 낭비됩니다. 돈을 버는 데 유용하다고 여겨지면 살아남고 그렇지 않은 재능들은 버려집니다. 서연의 재능은 그래서 드러내지 못하는 재능이 됩니다.

재능을 버리는 것은 삶을 버리는 일입니다. 인간을 버리고 돈을 버는 도구가 되는 일입니다. 이것이 인간의 특성을 잃고 돈을 향한 열망으로 그득한 차갑고 거친 도구로 변해가는 이유입니다. 돈이 아이들의 손과 발을 묶고 아이들의 시선을 돈에 고정시켜 놓았습니다. 아이들을 묶은 사슬로부터 풀어주어야 합니다. 교육은 묶는 일이 아니고 푸는 일입니다. 구속이 아니라 자유입니다. 무엇을 위한 도구가 아니라, 성장을 위한 힘을 기르는 일입니다. 배곯지 않고 하고 싶은 일을 마음껏 하면서 살아갈 방도를 찾는 것은 염치없는 일일까요?

얼굴 없는 아이들

첫 시간부터 아이들은 잠과의 전쟁을 치릅니다. 어떻게든 눈을 뜨려 애쓰는 아이들의 몸부림이 안쓰럽습니다. 잠은 좀처럼 아이들을 그냥 놔두지 않습니다. 끝없이 집요하게 공격합니다. 아이들은 잠의 공격에 더 이상의 반격을 포기합니다.

잠은 일말의 자비도 없이 아이들을 쓰러뜨려 책상 위에 하나 둘 포갭니다. 일명 상면일체설(床面一體說)이 완성되는 순간입니다. 교사들은 아이들 편에 서서 아이들을 공격하는 잠의 공격에 대항해 보지만 역부족입니다.

깨워 놓으면 바람 빠진 고무 인형처럼 곧바로 꼬부라집니다. 첫 시간인데 아이들의 얼굴은 이미 책상과 한 몸이 되어 사라집니다. 짙은 침묵에 묻힌 적막함 속에 교사의 목소리만 아이들 머리 위를 외롭게 흐릅니다. 가끔씩 들리는 아이들의 코고는 소리가 반길 뿐입니다.

그런데 아이들의 잠은 단순하지 않습니다. 노동의 피로가 부른 잠과는 거리가 있습니다. 아이들의 잠은 피곤이 아닌 고통의 표현입니다. 숨소리는 세상의 고통을 토해내는 소리요, 이들의 코골이는 험난한 세상을 향한 소심한 외침입니다. 아이들의 잠은 고통으로부터 구해 달라는 구원 요청입니다. 아이들 정수리에서 튕겨져 나오는 교사의 말에는 아이들의 아픔이 진하게 묻어납니다.

어쩌다 잠을 떨친 두어 명 아이들의 눈빛에는 연민이 어려 있습니다. 교사의 외로움에 그리고 애처롭게 허공을 떠도는 교사의 소리에 대한 동정의 눈빛입니다. 잠자는 아이들의 정수리를 향한 듣는 이 없는 교사의 처연한 외침에 대한 측은지심이 어려 있습니다. 교사의 소리는 차라리 서글픕니다.

"서연이, 오늘 많이 힘들어 보이네?"
"네, 어제 잠을 설쳤어요."

수업 종료 벨이 울리자 여기저기서 기지개 켜는 소리가 들립니다. 책을 주섬주섬 챙기고 나오다가 출입문 앞에 앉아 고개를 막 드는 서연이에게 처음으로 말을 건넵니다.

"응, 그렇구나."

"피곤하겠네. 근데, 그럴 일이라도 있었니?"

"네…."

"그렇구나! 오늘 힘들겠네, 그래도 힘내."

서연이의 침상 겸 책상을 가볍게 톡톡 치면서 응원의 메시지를 남기고 교실을 빠져나옵니다. 다시 엎드리는 서연이의 모습을 뒤로 한 채.

아이들의 잠은 몸이 자는 것이 아닙니다. 흥미가 자는 겁니다. 흥미 없는 내용은 흥미를 잠들게 합니다. 아이에게 주어지는 교육 내용은 아이의 흥미를 묻지 않습니다. 그냥 주어집니다. 그냥 주어진 내용은 아이들의 손과 발을 묶고 눈과 귀를 막습니다. 움직이고 사용할 까닭을 없게 합니다.

아침부터 늦은 밤 시간까지 아이들 앞에 놓여 있는 과제는 아이들의 흥미를 옭아맵니다. 묶여진 흥미는 고통을 드러내게 마련입니다. 흥미 없는 과제는 고통을 부릅니다. 아이들의 잠은 고통을 잊으려는 몸부림입니다.

흥미 있는 과제라면 아이들은 삶의 고통 속에서도 황홀경에 들고 그것이 몸과 마음의 고통을 가지고 온다 해도 머뭇거리거나 망설임 없이 아이들은 자신들의 삶을 걸고 해결을 위해 노력할 겁니다. 그리고 그 가운데서 기쁨을 얻을 겁니다.

'선생님이 도와줄 일이라도 있으면 언제든 이야기해라.' 교무실로 돌아오면서 속으로만 도움을 약속합니다. 실상 어떤 도움도 되지 못할 것이 뻔한 일이라 겉으로 약속하는 것은 빈말이 될 공산이 크기 때문입니다.

아이들의 잠에는 아이들을 향해야 할 어른들의 눈과 마음, 그리고 어른의 관심이 아이가 아닌 어른 자신들의 욕구에 쏠려 있기 때문입니다. 잠은 어른의 사랑과 응원, 그리고 배려와 웃음이 없는 틈을 비집고 들어와 아이들을 괴롭힙니다. '너희의 삶이니 너희가 알아서 살아가렴.'이라는 아이를 등진 어른의 태도가 아이를 잠들게 합니다.

교실에서 나오는 교사들은 종종 한두 가지 아이들에게서 찾아낸 문제를 가지고 나오기 마련입니다. 아이들의 잠, 졸음, 무관심, 과제 불이행, 불성실, 태만 등, 교사들이 수시로 들고 나오는 과제들입니다.

"아니, 걔는 왜 그래?"
"누구? 또 어떤 녀석이 말썽을 부린 거야!"

아이들이 기다리는 수업이 되게 하는 일, 아이들의 잠을 깨울 흥미 있는 과제를 제시하는 일, 적극적으로 수업에 참여하게 하는 일, 알고 싶은 욕구를 자극하는 일, 즐거운 시간이 되게 하는 일, 새로운 자신을 발견하게 하는 일, 능력을 발견하고 성장시키는 일, 오히려 수업 종료 벨소리가 야속하게 들리게 하는 일, 이것은 모두 교사의 몫입니다. 아이들의 문제는 어른이 제공하는 겁니다.

아이의 말은
아이의 삶이다

교무실로 막 들어서려는 데 민준이가 벌겋게 상기된 채 나옵니다. 표정이 어둡습니다.

"무슨 일 있니?"
"아, 아무 일도 아니에요."

황급히 자리를 뜹니다. 민준이는 빠르게 아이들 속으로 사라져 갑니다.

"요즘 녀석들 말버릇이 엉망이에요. 어떻게 해야 할지 난감해요."
"그래요, 정말. 쫓아다니며 말릴 수도 없는 노릇이고."

"어쩌다 이 지경까지 되었는지…."

교무실에 들어오니 몇몇 선생님들이 아이들의 말버릇에 대해 이야기를 합니다. 아마도 방금 민준이 이야기인 듯합니다. 옆 선생님께 얼핏 들으니 민준이가 상스러운 말을 했나봅니다.

언어에는 의미가 담겨 있습니다. 아이들의 언어에도 마찬가지입니다. 언어는 소리를 지닌 의미라는 촘스키(Chomsky)의 말을 빌리지 않더라도 의미를 갖지 않은 언어란 없습니다. 일상어가 된 아이들의 비속어도 단순히 그 순간의 격한 감정을 표현하기 위한 기능만이 아니라, 어떤 의미가 담긴, 그래서 그 의미를 전하기 위한 수단일 게 분명합니다.

비속어는 편안한 소리는 아닙니다. 행복의 부산물은 더더욱 아닙니다. 그러나 의미를 지닌 소리임은 분명합니다. 불편함과 불안함, 아픔과 슬픔 그리고 불행함과 고통스러운 그들의 일상적 삶이 빚어낸 삶의 부산물임은 부인하기 어렵습니다.

아이들이 쏟아내는 비속어는 아이들이 앓고 있는 마음의 병이 위중함을 의미합니다. 야단치기 전에 그들의 아픔을 찾는 일이 우선되어야 합니다. 슬퍼서 우는 아이를, 아프고 고통스러워 소리치는 아이를 그 소리가 시끄럽고 듣기 거북하다고 야단부터 칠 일은 아닙니다.

오히려 미안해할 일은 아닌지. 아이들의 아픔은 어른으로부터 시작되기 때문입니다. 아이들의 고통은 어른들로 인함이기에 그렇습니다. 어른들이 고민하고 애쓰고, 그래서 아프고 고통을 느낄 만큼 험하고 해결하기 벅찬 과제를 아이들에게 주고 일정을 정해 다그치기 때문입니다.

겨우 말을 배우기 시작할 때부터 어른들의 과제는 시작됩니다. 구실은 단 한 가지입니다. '모두 다 너를 위해서'라는 겁니다. 과연 그런지는 차치하고 아이들은 생의 시작부터 과한 짐을 안고 출발합니다. 물론 어른들 입장에서는 사랑인 거지요. 어른이 부여하는 과제는 아이를 사랑하기 때문에 아이에게 베푸는 선물입니다.

어른들의 입버릇이 된 '너를 위해서', '사랑하기 때문에'라는 말은 아이들을 자극합니다. 짜증을 북돋우고 화를 부릅니다. 마음에 주름이 집니다. 어른들이 '위함'과 '사랑'의 의미를 왜곡하기 때문입니다. 짜증이 나고, 화가 나고 그래서 비속어밖에 내놓을 것이 없는 것은 아닌지 모를 일입니다. 주름진 마음에서 곧은 말이 나올 수는 없을 테니까요.

비속어를 일상으로 사용 하는 것은 아이들이지만 그들로 하여금 비속어를 품고 토하게 하는 것은 어른들이 아닌지. 어른들 같으면 해결하기 힘겨운 과제 앞에서 웃음을 보일 수 있을지 생각해봐야 합니다.

언어는 사고의 결과입니다. 혈액이 건강 정보를 품고 있듯 언어는 사고 정보를 엿볼 수 있는 충실한 재료입니다. 사고는 마음의 모습을 말해줍니다. 비속어가 품고 있는 아이의 사고와 마음에 관심을 기울여야 하는 것은 아닌지 모르겠습니다.

아이의 언어는 지금 아이가 처한 생활을 반영합니다. 언어는 아이들의 생활을 들여다볼 수 있는 통로입니다. 언어를 통해 아이들은 자신이 처한 상황을 세상에 고합니다. 비속어는 자신들의 처지에 대한 공표이고, 진솔한 고백이며, 아픔에 대한 호소입니다.

야단치기 전에 어떤 어려움이 있는지, 고통은 무엇인지, 아픔은 무엇인지, 불편함은 무엇인지, 물어보아야 하지 않을까 싶습니다. 아이들의 언어는 어른을 향한 아픔에 대한 호소이고 관심의 요구일 테니까요.

스마트폰에
삶을 묻은 아이들

"불쾌하죠."

"세상을 빼앗기는 기분이에요."

아이들은 아무리 생각해도 이해할 수 없다는 투입니다. 등교하
자마자 거두어가는 스마트폰 이야기입니다. 스마트폰을 거두는 일
은 아이들에게는 세상을 거두어 가는 일입니다. 아무것도 하지 말
라는 선언이기도 합니다. 스마트폰을 잃은 아이들의 시선은 바닥
을 뒹굽니다. 눈은 빛을 잃고, 손 역시 할 일이 없습니다. 몸은 어찌
할 바를 모릅니다. 결국 아이들은 스마트폰이 돌아올 때까지 파업
을 결정하고 세상과의 결별을 선언합니다. 책상이 침상이 되는 것
은 이 즈음입니다.

언제부턴가 스마트폰은 세상의 전부가 되었습니다. 아이들에게 스마트폰 없는 세상은 상상할 수 없는 일입니다. 삶이 통째로 멎습니다.

누가 아이들을 스마트폰에 가두었는가?

어른입니다. 어른의 욕심이 아이들을 빛나는 사각형 안에 가두었습니다. 아이들에게 등 돌리고 자신들의 삶 매만지기에만 골몰한 어른들의 이기심이 아이들을 스마트폰에 가둡니다. 아이들에게 스마트폰은 요술 램프입니다. 웬만한 욕구는 손쉽게 해결됩니다. 자연스럽게 이웃은 잊히고 소통의 필요성은 사라집니다.

이기적 어른에겐 아이들 손을 잡아 줄 손이 없습니다. 아이들과 함께 장난감을 만들고, 그림을 그릴 여유가 없습니다. 아이들과 함께 자연을 말하고 자연 속을 뛰어 놀 마음이 없습니다. 아이들과 삶을 쓰고, 세상을 말하고, 자연을 그리고, 철학을 논할 생각이 없습니다. 아이들을 바라볼 눈도, 아이들에게 지어보일 미소마저 없습니다.

이기적 어른은 자신의 일을 스마트폰에게 일임합니다. 아이를 돌보는 일도, 아이와 노는 일도, 아이들 삶 일체를 스마트폰의 역할로 규정합니다. 그리고 남의 일 바라보듯 아이들의 사정쯤은 외면합니다.

스마트폰을 쥐는 순간부터 아이들은 자신을 잃습니다. 삶 일체를 온전히 스마트폰에게 맡깁니다. 세상을 보는 것도, 듣는 것도 스마트폰이 대신합니다. 스마트폰 속 세상이 세상의 전부입니다. 세상을 보는 눈이고, 세상을 듣는 귑니다. 스마트폰이 부모고, 형제며, 친구고, 이웃입니다. 놀이고, 생활이며, 삶입니다. 생각마저 스마트폰이 대신하고 그 생각을 자신의 생각으로 받아들입니다. 아이들은 스마트폰에 철저히 자기만의 세상을 만들고 들어앉습니다. 손과 발을 묶고 참 세상을 향한 눈을 가리고 귀를 막습니다. 자연과 이웃은 자연스레 사라지고 결국 성장마저 멈춥니다.

성장은 스스로 보고, 듣고, 말하고, 쓰고, 사고할 때 이루어지는 법입니다. 스마트폰에게 맡긴 삶은 성장마저 스마트폰이 대신합니다. 성장한 스마트폰은 아이들 삶 더 깊숙한 곳까지 파고들어 아이들의 삶을 잠식해 갑니다. 스마트폰과의 거리가 필요합니다. 일정한 때가 될 때까지는 스마트폰과의 만남을 제한해야 합니다. 스마트폰과의 만남이 빠를수록 자신과 이웃 또한 빨리 사라집니다. 그리고 스마트폰을 쥐어줄 때도 스스로 생각할 수 있는 능력을 고려하여 제한적으로 제공해야 합니다.

어린이와 청소년을 위한 기기를 구분해야 합니다. 성인의 삶이 필요로 하는 기능을 굳이 아이들에게 제공할 이유는 없는 일입니다. 아이들을 어른의 세계에 끌어들여 성인놀이에 빠지게 할 이유가 없습니다. 성인용은 아이들 성장을 가로막는 장애로 작용할 테니까요.

자연과의 만남을 방해하고 이웃과의 소통을 가로막고, 성장을 저해하는 기능은 삭제해야 합니다. 이러한 기능은 어른으로 성장할 힘이 자라날 기회를 주지 않기 때문입니다. 한참 자연 속에서 몸과 마음의 조화로운 성장을 꾀해야 할 아이들에게 사고를 멎게 하고, 보고 들음을 제한하고, 만남을 해치는 스마트폰은 결코 선하지 않는 악한 기기일 뿐입니다.

당장의 기쁨과 즐거움, 그리고 편리함을 위해 앞으로 펼쳐질 삶을 주름지게 할 수는 없는 일입니다. 순간적인 위안이나 만족의 대가로 소중한 인간관계를 잃을 수는 없는 일입니다. 스마트폰은 삶을 갉아댑니다.

스마트폰은 '우리'의 자리에 '나'를 앉힙니다. 오직 '나'만을 위해 생각하고 행동도 '나'만을 위해서 하도록 합니다. 온전히 '나'만의 세계로 인도 합니다. 스마트폰은 '우리'가 만들어 가는 '공동체'의 가치를 심각하게 훼손합니다. 아이들에게는 스마트폰이 아닌 따뜻한 어른의 손이 더 간절합니다. 자연과의 만남이 더 값집니다. 가족과 친구, 그리고 이웃이 더 소중합니다.

한현우 조선일보 논설위원은 신문 칼럼에서 요즘 미국 실리콘밸리에서는 시간제 보모(保姆)를 고용할 때 '노 스크린(No Screen) 계약'을 한다고 말합니다. 아이 앞에서는 스마트폰과 태블릿, 컴퓨터, TV를 일절 켜지 않겠다는 약속을 한다는 겁니다. 노 스크린은 아이들을 위한 소중한 약속입니다. 이 약속은 우리에게도 필요합니다.

그리고 노 스크린은 비단 유아들에게만 해당되는 말이 아닙니다. 어린이는 물론 청소년들에게도 그대로 타당합니다. 누구든 스마트폰과 함께하는 시간이 길수록 세상과는 멀어지고 스마트폰에 의존하는 의존도 또한 높아질 것이기 때문입니다. 높아지는 의존도는 삶의 질과 반비례로 작용합니다.

여기에서 실리콘밸리 사립학교에서 스크린을 없애고 있다는 점도 눈여겨봐야 할 대목입니다. 교내 스마트폰 사용을 엄격히 제한하는 '발도르프' 학교에 다니는 아이들 부모의 70%는 실리콘밸리의 혁신적인 IT 개발자들이라는 사실도 기억할 필요가 있습니다. 교육은 아이의 존엄성을 존중하는 일입니다. 무엇을 어떻게 하는 것이 아이를 존중하는 일인지 돌아봐야 할 때입니다. 스마트 폰과의 적절한 거리 두기, 그리고 아이들의 건강한 성장을 돕는 어른의 윤리적 역할이 절실합니다.

스마트폰은 삶의 재료인 다양한 경험을 사각형 안에 가둡니다. 만남을 거부하고 경험을 제한합니다. 하버드 대학교 의과대학 교수이자 보스턴 브리검 여성병원 정신의학분과 연구소장인 조지 베일런트(George Vaillant)는 행복한 사람은 '경험'을 사는 데 돈을 쓰고, 불행한 사람은 '물질'을 사는 데 돈을 쓴다고 말합니다. 스마트폰은 아이들의 경험을 제한하는 것은 아닌지, 그래서 아이들을 행복으로 이끌지 의문입니다.

아이들 문제는 어떤 문제든 어른이 저지른 것입니다. 스마트폰을 아이의 손에 쥐어주는 것은 사소한 일이지만, 아이들 성숙에 필요한 자연과의 만남이라는 최소한의 조건마저 상처를 입힌다는 점에서 중요한 일입니다.

이제 스마트폰이라는 감옥으로부터 아이들을 구해야 합니다. 스마트폰의 불빛이 멈추는 곳에서, 비로소 아이들의 성장 에너지가 분출하고, 성장 동력이 작동된다는 사실을 기억해야 합니다.

대학이
먼저 답하라

이런 생각을 해봅니다. 초·중등학교는 대학에서 주문받은 상품을 생산하는 공장은 아닐까? 대학은 상품을 주문하고, 주문받은 학교는 주문서에 적힌 요구대로 상품을 생산하는…. 그렇다면 대학 모집 요강은 상품 주문서가 될 테지요. 우리 대학은 어떤 상품을 필요로 하니 그러한 상품을 만들어달라는 주문서 말입니다. 다양한 업체(학교)로부터 상품을 받아보고 마땅한 것을 선별해서 구입하겠다는 통지서가 아닐까 싶습니다. 그리고 대학 입시는 주문한 대로 상품이 만들어졌는지 품질을 검사하고, 원하던 상품이면 구매하고, 원하는 상품이 아니면 구매를 거부하는 상품 선별 장치이고.

그렇다면 아이들은 대학이 요구하는 상품이 되어야 합니다. 자신이 바라는 자신이 아니라 대학이 바라는 모습을 갖추어야 합니다. 그리고 초·중등학교에서는 대학의 요구에 맞추어 상품을 생산해야 합니다. 아이의 요구, 학교의 요구, 부모의 요구는 그 어디에도 반영될 수 없습니다. 오직 대학의 요구만이 상품 생산에 반영되고 투입되는 요소입니다. 상품의 질은 대학의 요구를 얼마나 상품에 투입했느냐에 따라 결정됩니다.

아이를 구매의 대상으로 여기는 것은 지극히 비교육적 사고입니다. 상품 감정 절차로 여겨지는 면접을 통해 감정 노동까지도 삽니다. 대학은 삶의 가치 향상을 위한 능력 성장의 장이 아니고, 상품을 사고파는 것을 당연지사로 여기는 장터가 되고 있습니다. 상품으로 취급되는 아이들에게 삶의 행복은커녕 최소한의 인권이라도 보장되고 있는지 의문입니다. 아이들은 삶을 위해 대학 문을 두드릴 뿐 인격까지 파는 것은 아니기 때문입니다.

대학이 원하는 상품을 만들기 위해 아이들은 학교생활, 아니 그 이전부터 어른들로부터 관리됩니다. 아이의 능력, 아이의 요구, 아이의 필요, 아이의 생각, 아이의 꿈까지 모두 철저히 대학의 요구에 맞추어 관리됩니다.

아이들은 제 기능을 발휘하지 못합니다. 아니 발휘할 필요가 없습니다. 아이가 지닌 본래의 모습은 철저히 지워지고 대학의 요구대로 처음부터 끝까지 빈틈없이 새로운 모습으로 탈바꿈됩니다. 오직 대학의 요구에 맞춰 새로운 존재로 재창조됩니다. 대학은 아이들을 하나의 모습으로 바꿉니다. 아이들의 다양성은 사라지고 대학의 요구에 맞는 하나의 모습으로 획일화됩니다. 아이들을 위한 대학이 아니라, 대학을 위한 아이들로 만들어집니다. 아이를 위한 교육이 아니라 대학을 위한 교육이 되어갑니다.

아이들의 필요와 희망은 많은 제약 속에 놓이게 됩니다. 교육을 통해 인간은 존엄성을 확보합니다. 자연을 변화시켜 자본을 낳고, 정신과 몸을 연결시키는 것도 교육입니다. 교육은 단순히 지식을 깨닫는 것에서 멈추지 않습니다. 타인과 소통하고 세계와 만나게 합니다. 타인을 깨닫고 세계를 인식합니다. 교육은 단순히 생계를 위한 도구가 아닌 인간의 존엄성을 확보해 나가는 본질적 특성을 지니고 있기 때문입니다.

교육의 목적은 인간에게 있습니다. 교육은 인간 존엄성의 유지와 발전을 추구합니다. 그럼에도 불구하고 좁은 대학문을 아이들을 옥죄는 수단으로 악용하고, 대학이라는 허울 좋은 목표를 위해 아이들에게 그들의 개성을 버릴 것을 요구하고, 대학의 요구대로 읽고, 쓰고, 말하기를 부추기고 있다는 것은 슬픈 일입니다. 교육은 인간 존엄성에 대한 고려에서 출발합니다. 교육의 방식도, 내용도, 그리고 그 결과의 활용도 인간의 존엄성이 고려되어야 합니다.

아이들이 어른의 욕구를 달래주기 위해 존재하는 상품이 아님을, 아이들이 대학의 탐심을 채워주기 위해 존재하는 상품이 아님을, 대학의 요구대로 읽고, 쓰고, 외우고, 풀고, 보고, 듣고, 행하는 아이들에게도 인격이 존재한다는 것을, 그 누구와 비교 당할 수 없는 인간으로서의 존엄성을 지니고, 존엄한 삶을 살아갈 권리가 보장된 존엄한 존재임을 알아야 합니다.

인간의 존엄성에 기초하여 교육을 추구해야 하기에, 교육이 다른 것과 견줄 수 없을 만큼 뛰어난 아이들의 독특함을 대학 욕구 충족의 수단으로 삼아 착취하는 것은 아닌지, 대학이 가짜 성취를 판매하는 것은 아닌지, 그리고 아이들의 인권과 자유를 경시하는 대학 위주의 교육은 아닌지 생각해볼 일입니다.

대학은 아이들에게 묻습니다. 재학 기간 학업에 기울인 노력과 학습 경험을 통해 배우고 느낀 점은 무엇인지, 의미를 두고 노력했던 교내 활동은 무엇이고 그를 통해 배우고 느낀 점은 무엇인지, 학교생활 중 배려, 나눔, 협력, 갈등관리 등을 실천한 사례를 들고 그 과정을 통해 배우고 느낀 점은 무엇인지를 묻습니다.

그리고 하나 더 요구합니다. 고등학교 재학 기간(또는 최근 3년간) 읽었던 책 중 자신에게 가장 큰 영향을 준 책을 세 권 이내로 선정하고 그 이유를 말하라는, 해당 모집 단위에 지원하게 된 동기와 지원하기 위해 노력한 과정을 구체적으로 밝히라는, 해당 모집 단위에 지원하게 된 지원동기를 포함해 본교가 지원자를 선발해야 하는 이유를 말해보라는 등 마치 암컷에게 선택받기 위해 매력적인 외형을 택하는 수컷처럼 매력을 뽐내보라는 식의 요구도 있습니다.

그러나 아이들의 학습경험이나 학습활동, 그리고 지원동기를 묻기 전에 대학이 먼저 답해야 합니다.

대학은 왜 가야 하는지?
대학은 아이들을 위해 어떤 노력을 어떻게 기울여 왔는지?
대학은 아이들의 삶에 어떻게 기여할 수 있는지?

아이들을 대학으로 부르기 전에, 고등학교 시절 무엇을 어떻게 했는지 묻기 전에, 대학에 오려는 이유를 묻기 전에, 입학 후 무엇을 위해 어떻게 공부할 것인지 묻기 전에, 대학에 와야 하는 이유와 오면 무엇을 어떻게 해줄 것인지, 그래서 아이들의 삶에 어떤 기여를 할 것인지를 먼저 이야기해야 합니다. 무조건 부르고 방치하는 것은 추악한 일입니다.

교육은 인간의 존엄성을 존중하기 위한 제도적 장치

아이에게 경쟁은 일상입니다. 친구를 짓밟고 자신만 우뚝 서기 위한 투쟁입니다. 아이의 경쟁 뒤엔 어른의 이기심이 자리합니다. 교사는 아이의 삶을 지지하고 성원하는, 아이를 위한 아이의 존재입니다. 그런데 언제부턴가 교사가 고통이 되고, 두려움이 되었습니다. 그리고 군주가 되고, 주인이 되었습니다.

성적은 신분이 되었습니다. 성적이 삶을 지배합니다. 성적에 따라 사회적 시선은 그 온기가 다릅니다. 성적이 높은 사람은 우러름의 대상이 되고, 성적이 낮은 사람은 멸시의 대상이 됩니다. 이것이 성적을 압박으로 여기는 이유입니다. 성적은 운명과 닮았습니다. 운명이 운명일 수 있는 것은 되돌리거나 반복할 수 없기 때문입니다. 한번 얻은 성적 또한 그렇습니다. 되돌릴 수 없습니다. 아이는

298

성적이 만드는 세상의 규칙을 운명으로 받아들입니다. 성적은 아이의 삶을 무겁게 짓누릅니다. 시험 때마다 주어지는 성적표는 아이에게 미래에 대한 공포를 시각적으로 증폭시킵니다.

교육은 인간의 존엄성을 존중하기 위한 제도적 장치입니다. 교육은 그 자체로 인간을 존중하는 행위입니다. 그러므로 교육 제도는 인간 존중을 돕기 위한 구체적이고, 체계적이며, 윤리적이고, 인간적인 장치여야 합니다. 어른은 아이에게 무엇을 요구하기 전에 그것이 아이에게 필요한 일인지 되물어 봐야 합니다. 그리고 아이들의 처지와 형편을 살펴야 합니다. 무엇을 할 것인가는 아이가 처한 상황, 그리고 아이의 바람과 어울릴 때 결실을 맺을 수 있습니다. 아무리 그럴듯한 정책이라도 목표나 의도, 그리고 동기만으로는 정당화될 수 없습니다. 아이를 위한 정책이 아이의 성장이 아니라 오히려 아이를 괴롭히는 결과를 가져왔다면, 아이의 믿음을 배신한 폭력일 뿐입니다. 정책은 자립하는 정신과 능력을 북돋우는 일입니다. 아이의 존엄을 무시하고 어른의 욕심만을 과하게 부여할 때, 아이의 능력은 훼손된다는 사실을 기억해야 합니다.

아이가 어른의 눈치를 살피고 그들의 평가에 종속되고 두려워하지 않아도 좋은 세상이 되었으면 좋겠습니다.

우정을 아름답게 가꾸어가고, 더 이상 성적에 이끌려 다니지 않아도 좋은 삶이었으면 좋겠습니다.

제도가 조금이라도 상식적, 합리적, 인간적, 교육적으로 작동되는 사회였으면 좋겠습니다.

교육은 아이를 위한, 아이의 것이라는 기본이 지켜졌으면 좋겠습니다.

이제 학교가 더 이상 벗어나고 싶은 두려움의 공간이 아니라, 오랫동안 머물고 싶은 자유의 공간이기를 바랍니다.